天智と持統

遠山美都男

講談社現代新書

2077

目次

序章　二つの天智天皇像

なぜ『天智と持統』なのか

本書のタイトル、『天智《てんじ》と持統《じとう》』から説明したい。なぜ、『天武《てんむ》と持統』ではないのかということである。

『天武と持統』といえば、天武天皇（在位六七三〜六八六年）によって着手された古代国家の建設が、その妻である持統天皇（在位六九〇〜六九七年）によって受け継がれ、そして、彼女の手でそれが完成された、あるいは、この夫妻の共同作業によって古代国家の建設が成し遂げられたという、今日一般的になっている歴史認識に裏付けられており、多くの人になじみのあるテーマ設定といえよう。本書でも述べるように、たしかに律令法に代表される中国的な国家体制の導入は、六八〇年代、天武・持統夫妻の統治下において本格化した。

だが、本書を『天武と持統』ではなく、あえて『天智と持統』としたのには、当然のこ

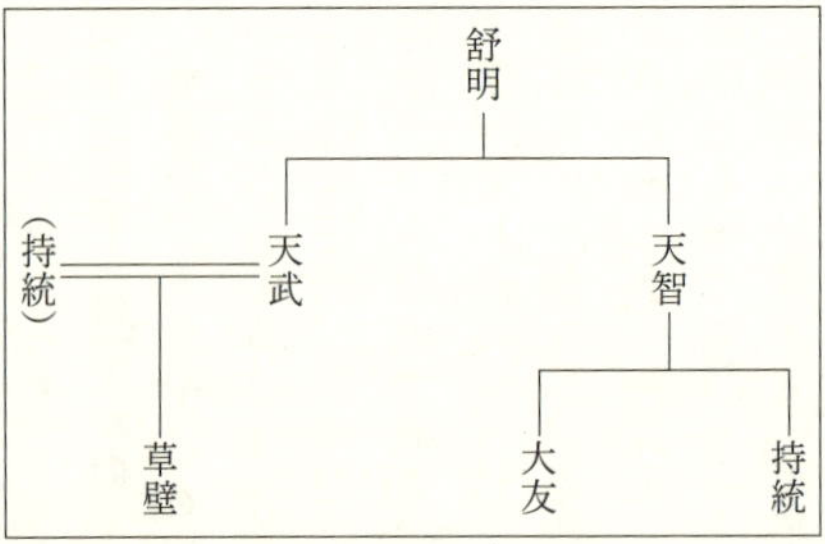

天智・天武と持統

とながら理由がある。それは、持統がその最晩年において、夫である天武よりも父天智天皇（在位六六八〜六七一年）のほうを殊更に称揚し、さらに天智との繋がりを意図的に強調しているという事実に着目するからである。本書は、持統がどうしてそのような行動をとったのかを明らかにすることをねらいとしている。

また、『天智と持統』に違和感を抱く方は、おそらく、壬申《じんしん》の乱（六七二年）という古代最大の内乱があった事実を、やはり過度に重視しているのではないかと思われる。壬申の乱とは、天智後継の座をめぐって、その弟の天武と、天智の子である大友皇子《おおとものみこ》（明治時代になって弘文《こうぶん》天皇と追《つい》諡《し》された）が争った内乱としてあまりにも有名である。たしかに天武は、兄にあたる天智が定めた後継者である大友皇子に対して反乱を起こし、その政権を倒して新政権を樹立した。

そして、持統は夫天武にしたがったのであり、その意味で彼女は昂然《こうぜん》と父と異母弟に対し叛旗を翻したといえよう。この点を重視するならば、天智と持統という父娘はいわば敵どうしてであり、『天智と持統』といえば、それはこの父娘の相克を主題とした物語なのかということになる。

だが、著者は天智と持統との間にそのような深刻な確執があったことを想定していない。むしろ、持統はその晩年において、壬申の乱という内乱をともに戦ったはずの亡夫天武ではなく、一度は袂《たもと》を分かったはずの亡父天智との結びつきを強調して自身とその権力の正当化をはかっている。

やはり、『天武と持統』ではなく『天智と持統』でなければならないのである。

さらに、この時代の皇位継承をめぐっては、〈天智系〉と〈天武系〉の間に深刻な対立・抗争があったという一般的な見方も、『天智と持統』というタイトルに抵抗を感じさせるであろう。持統は、天智の皇女ということでは〈天智系〉にちがいないが、壬申の乱において天武にしたがったという点からすれば、やはり〈天武系〉である。また、天武との間にもうけた一子、草壁皇子《くさかべのみこ》の即位に執念を燃やしたという通説（というよりも俗説か）によるならば、彼女は紛れもなく〈天武系〉であり、その生涯は〈天武系〉による皇位継承の確立に捧げられたといわれている。

しかし、問題とすべきは、持統が草壁皇子を天皇にしようとしたのは、彼が天武の嫡子、天武の直系だったからかということである。また、七世紀末葉から約半世紀の歴史をみわたして、この〈天智系〉と〈天武系〉という色分けや両者間の対立関係を強調することが歴史的に見ていかにナンセンスであるかは、本書で詳述することになるであろう。

〈武の人〉・〈文の人〉

さらにいえば、『天智と持統』というタイトルをえらんだのは、私たちが天智の実像と考えているものに多くの疑問があるからでもある。

すなわち天智は、中大兄皇子《なかのおおえのみこ》とよばれた若き日に、率先して剣をふるい、蘇我入鹿《そがのいるか》を討ち取るなど、〈武の人〉としてのイメージがある。他方で、その腹心である中臣鎌足《なかとみのかまたり》とともに大化改新とよばれる一大改革を行い、律令の編纂にあたって古代国家の基礎を据えた人物という〈文の人〉としてのイメージもある。この両者ともに天智の実像とするならば、彼は〈武の人〉であり、同時にまた〈文の人〉でもあったことになろう。事実、天智とはそのような人物であったと一般には理解されている。

もちろん、このように文武の才を兼ね備えた稀有《けう》な人物など、実際にいるはずがないとはいわないが、それよりも前に、ことに史料が乏しい古代史研究においては、この場合、史料の質が厳密に問われねばならないであろう。天智が〈武の人〉であり、また〈文の人〉でもあったことが、どの史料にどのように書いてあるかを検討せずして、これを単純に天智の実像とみなすことはできないといえよう。

本書は、〈武の人〉としての天智と〈文の人〉としての天智という二つの天智像が、時期を異にして別々に生まれてきたものであることを明らかにする。そして、このいわば相反する天智像の形成にじつは持統が深く関与していたことを論ずる。私たちの理解している天智像とは、畢竟《ひっきょう》、持統によって創り出されたものということになる。

その意味でも本書は『天智と持統』なのである。

古代史上の有名人の実像とは、いずれもこのような成り立ちをもつのではあるまいか。それは、古代史研究者の大山誠一氏が、古代史というよりも日本史上のスーパースター、聖徳太子《しょうとくたいし》について明らかにしたとおりである（『〈聖徳太子〉の誕生』吉川弘文館、一九九九年など）。大山説は、「聖徳太子はいなかった」という表層にのみ関心が集中したために、いまだに批判や否定的な意見が多い。だが、『日本書紀』に登場する聖徳太子が、複数の人間の意図や思惑が投影されたものであることは間違いないと思われる。

また、近年、上代文学研究者である神野志隆光《こうのしたかみつ》氏は、たとえば『古事記』が描き出す「古代」と『日本書紀』の描く「古代」とはおのずとちがうのであって、他方『万葉集』は『万葉集』で、また異なる「古代」を描き出そうとしていたと論じた。そして、このようにに古代のテキストにおける多様な「古代」の在りかたを「複数の『古代』」としてとらえるべきことを提唱している(『複数の「古代」』講談社現代新書、二〇〇七年)。神野志氏の問題提起によるならば、古代国家の成立を語る文脈における天智像も、決して単一ではありえず、複数存在したことになるであろう。

本書ではまず、古代においてまったく相反する二つの天智像が存在したことを明らかにする。それは、いずれも天智の等身大の姿ではありえず、特定の意図をもった者が、天智とはこのような人物であったはずだ、あるいは、このような人物であらねばならないとして創造したものだったということである。そして、その二つの天智像が、その娘である持統の生涯に関わって形成されたものであることを詳述したいと思う。

本書を最後まで読み通されたならば、著者がタイトルを『天武と持統』ではなく『天智と持統』とした意図を諒解していただけると確信している。

【注記】

本文中でも述べるように、大王《おおきみ》(正確には治天下大王《あめのしたをしろしめすおおきみ》)に代わって天皇の称号が用いられるようになるのは、七世紀の後半、壬申の乱後の天武天皇の時代以降と考えられる。したがって、壬申の乱以前については、たとえば天智大王、鸕野讃良《うののさらら》王女のように、乱後であれば、天武天皇、鸕野讃良皇女のように表記すべきなのであるが、煩瑣《はんさ》でもあるので、本書では全体を通して天皇、皇子・皇女などの表記を用いることにした。なお、天智・天武・持統など、奈良時代の後半になって成立したと見られる漢風諡号《しごう》を使用するのも、あくまで便宜上のことである。

第一章　『日本書紀』の天智天皇像

天智《てんじ》天皇は、『日本書紀』全三十巻のうち、巻第二十三「舒明《じょめい》天皇紀」から巻第二十八「天武《てんむ》天皇紀上」までの六巻にわたって登場する。ここでは、『日本書紀』が天智天皇をいったいどのような人物として描こうとしているかについて確認しておきたい。

それは、蘇我《そが》氏本家をその手で滅ぼし、その同じ手で国家改造に取り組んだという、私たちがよく知る天智天皇像とは、およそ異なるものであることをあらかじめ申し上げておかねばならない。

1　舒明天皇紀〜皇極天皇紀

「天命開別」——天智天皇の登場

まず、天智天皇の系譜について記す舒明《じょめい》二年（六三〇）正月戊《ぼ》寅《いん》条である（現代語訳。以下、基本的に同じ）。

舒明天皇は、宝皇女《たからのひめみこ》を立てて皇后《きさき》となされた。皇后は二男・一女をお生みになった。一人目を葛城皇子《かづらきのみこ》と申し上げる（近江大津宮《おうみのおおつのみや》で天下を統治された天皇である）。二人目を間人皇女《はしひとのひめみこ》と申し上げる。三人目を大海皇子《おおあまのみこ》と申し上げる（浄御原宮《きよみはらのみや》で天下を統治された天皇である）。夫人で蘇我嶋大臣《そがのしまのおおまえつきみ》（馬子《うまこ》）の娘である法提郎媛《ほほてのいらつめ》は古人皇子《ふるひとのみこ》（またの名を大《おお》兄皇子《えのみこ》ともいう）を生んだ。また、吉備国《きびのくに》の蚊屋采女《かやのうねめ》を娶《めと》られて蚊屋皇子《かやのみこ》をおもうけになった。

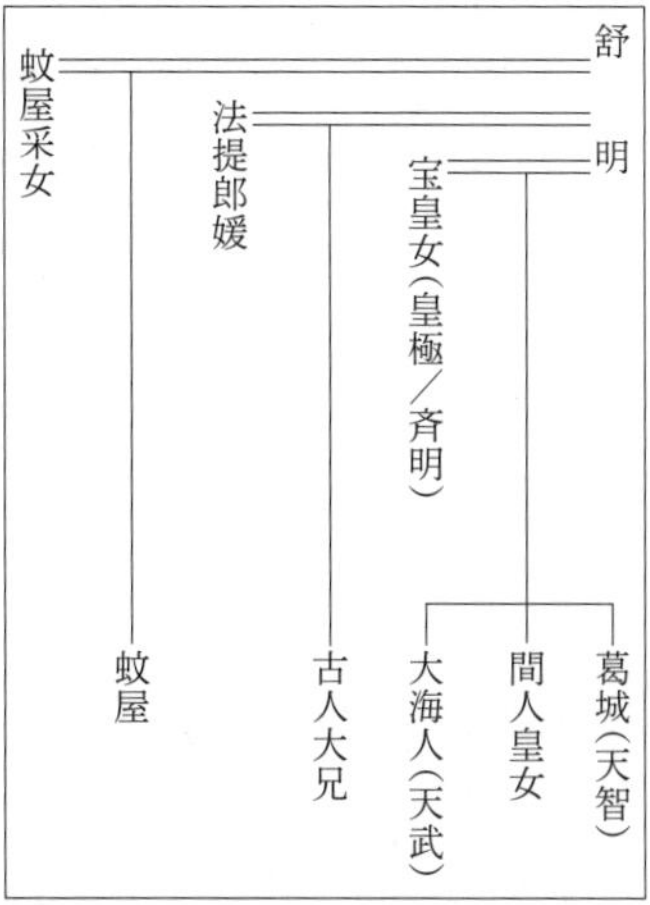

天智天皇の兄弟姉妹

天智天皇の諱《いみな》（実名）の「葛城」は、倭《やまとの》国《くに》の葛城を本拠とし、蘇我氏とも同祖同族関係にあった葛城氏出身の女性が、その乳《う》母《ば》であったことに由来するものである。だが、どうしたわけか、ここではよく知られた通称「中大兄《なかのおおえ》」に触れるところがない。「大兄」とは、同じ母から生まれた兄弟のうちで最年長の男子を指す通称である。天智天皇は、舒明天皇とそのキサキ（皇后）

である宝皇女（皇極《こうぎょく》・斉明《さいめい》天皇）との間に生まれた第一子だったから、たしかに「大兄」とよばれるべき出生身分にあった。

当時の天皇家では一夫多妻だったので、舒明天皇には天智天皇以外にも「大兄」とよばれる皇子がいたことになる。彼の異母兄弟としては古人大兄皇子、蚊屋皇子らがいた。「中大兄」の「中」とは、「真ん中」ではなく「二番目」という意味であり、彼がおそらく、舒明天皇の皇子のなかで最年長の「大兄」たる古人大兄につぐ「大兄」であったことから生まれた通称と考えるのが妥当であろう。

つぎに、舒明十三年（六四一）十月丙午《へいご》条には、

> 百済大宮《くだらおおみや》の北に天皇の殯宮《もがりのみや》をもうけた。これを百済《くだら》の大殯《おおもがり》と称した。この時に、東宮《もうけのきみ》の開別皇子《ひらかすわけのみこ》は御年十六にて誄《しのひこと》を述べられた。

と見える。

舒明天皇の葬礼が営まれたこの時、数え年で「十六」であった天智天皇は、「東宮の開別皇子」と記されている。「東宮」は皇太子を意味するが、この時代にはまだ皇太子の制度は存在しない（皇太子制の成立は持統三年〈六八九〉まで下る）。これはあくまで、彼が早くか

ら有力な皇位継承資格者であったことを示そうとする追記にすぎないであろう。

「開別皇子」の「開別」とは、彼の諡号《しごう》とされる「天命開別《あめみことひらかすわけ》」の一部である。それにしても、当年十六歳の若者をその諡号でよぶとはやや不審であろう。なぜ、実名の「葛城」、あるいは有名な「中大兄」ではだめだったのであろうか。

そもそも「天命開別」とは、いかなる意味であろう。

「天命」とは宇宙を支配する天（天帝）の命令のことであり、「開別」とは、その指令を受けて観念上の全世界（これを「天下」といった）を支配する皇帝（天子）となり、王朝を開いた特別な御方という意味である。「別」は、「別ける」という意味ではなく、系譜の上で特定の先祖に付す尊称の一種と考えられる。それは、きわめて復古的な呼称である。

要するに、「天命開別」という天智天皇の諡号は、彼がその没後、王朝を開いた初代皇帝、「王朝の始祖」というべき人物とみなされていたことをあらわしている。天智天皇にこのような諡号がいつ献上されたのかは定かではない。

ただ、彼の死後に起きた壬申《じんしん》の乱（六七二年）後の天武《てんむ》天皇や持統《じとう》天皇の時代に作られたことはたしかであろう。その意味で「天命開別」は、あくまでも後世の視点によってとらえられた天智天皇像を示しているのである。

ここで注意しなければならないのは、日本の古代において中国のような王朝やその交替など実際にはなかったのであるから、ここで天智天皇によって開かれた王朝というのは、あくまでも中国の歴史をふまえた、きわめて観念的なものであったということである。いってみれば、王朝交替を当然の前提とした中国の歴史の概念や装置によって、わが国の歴史をとらえ、綴ろうとしたものと考えればよい。このように、『日本書紀』の描く天智天皇が、その登場の当初から「天命開別」という名前で、中国的な王朝の存在をふまえた人物として造形されていたことは、これ以後の彼に関する記述を読んでいくうえで重要な視点となる。

なお、舒明天皇の十三年において、天智天皇が数え年で「十六」であったというのはきわめて例外的な記述であり、『日本書紀』において歴代天皇の年齢に関する情報は、明記されないことのほうが一般的である。したがって、これを直ちにたしかな所伝として信じるわけにはいかない。『日本書紀』としては、彼が十代半ばという若さですでに、天皇葬送の儀礼でじつに堂々と弔辞を述べるという貫禄がそなわっていたことを読者に印象づけたいのであろう。

天智天皇と藤原鎌足との出会い

天智天皇の本格的な活動が記されるのは、つぎの皇極三年（六四四）正月乙亥朔《いつがいさく》条からである。それは周知のように、後の藤原鎌足《ふじわらのかまたり》の行動から説き起こされている。鎌足は「神祇伯《かみづかさのかみ》」（宮廷祭祀を統括する神祇官の長官）を拝命するが、それを断わり、事を起こすにあたって擁立すべき皇族をもとめ、やがて軽皇子《かるのみこ》（後の孝徳《こうとく》天皇）の知遇を得る。時の皇極天皇の同母弟であり、天智天皇には叔父にあたる人物である。

中臣鎌子連《なかとみのかまこむらじ》（鎌足）は忠誠心に富み、世を変革し、人びとを救いたいという大望をもっていた。だからこそ、蘇我臣入鹿《そがのおみいるか》が君臣や長幼の序列を無視して、国家を我が物にせんとする野望を抱いていることに憤り、つぎつぎと皇室の人びとに近づいては、ともに決起し、大事を成すに足りる英明の主をさがしもとめていた。そのなかでも中大兄皇子に心を寄せたのだが、残念ながら、お近づきになって心中の思いを打ち明け申し上げる機会がない。たまたま、中大兄が法興寺《ほうこうじ》（飛鳥寺）の槻《つき》の樹下で蹴鞠《けまり》をされていた時に、その仲間に加わり、中大兄の靴が打ち上げた鞠とともに脱げ落ちたのを拾い、手に取り持って、進み出て跪《ひざまず》き、謹んで差し出し申し上げた。中大兄も向かい合って跪き、恭《うやうや》しく靴をお取りになられた。このようなことがあってからというもの、二人は親しくなり、心中の思いをつつみ隠さず語り合うようになった。後に、二人が頻繁に会っているのを人に疑われることがないようにするために、ともに書物を手にして、周孔の教え（儒教）を南淵《みなぶちの》請安《しょうあん》先生のもとで学ぶことにした。

これによれば、蘇我入鹿は「君臣や長幼の序列を無視して、国家を我が物にせんとする野望を抱いている」とされる。入鹿と蘇我氏による王権簒奪《さんだつ》である。鎌足はこれを何とかして阻止せねば、と決意したと描かれる。

通説（俗説？）によると、入鹿や蘇我氏が滅ぼされることになったのは、彼らが律令制にもとづく中央集権国家建設の障壁になるとみなされたからと説明されている。それは、天智天皇と鎌足の二人によって律令制国家が築かれたとする認識を無批判に前提にしている。だが、『日本書紀』の叙述において、彼らが律令制や中央集権体制といった国家建設を構想していたとは少しも言及されていないことに留意しなければならない。

さて、鎌足は、舒明天皇の葬礼において「御年十六」で堂々と誄を奉じたほどの「英明の主」天智天皇と知り合い、たちまち意気投合して蘇我氏の野望粉砕に向けて頻《しき》りに密議をこらすようになる。

「王政復古」としての乙巳の変

そして、いよいよ事を起こす日がやってくる。これを皇極四年（六四五）六月戊申《ぼしん》条はつぎのように記す。

その時、中大兄皇子はみずから長い槍を手にして、大殿の傍らに身をひそめられた。中臣鎌子連らは弓矢をもち、それを援護した。中大兄は海犬養連勝麻呂《あまのいぬかいのむらじかつまろ》に命じ、箱のなかの二つの剣を佐伯連子麻呂《さえきのむらじこまろ》と葛城稚犬養連網田《かづらきのわかいぬかいのむらじあみた》とに授けて、「よいか、油断するまいぞ。一気に斬るのだ！」と仰せになった。子麻呂らは飯を水で喉に流し込もうとしたが、恐怖のあまり、もどしてしまった。中臣鎌子連は「しっかりせぬか」と叱責した。蘇我倉《そがのくら》山田麻呂臣《やまだのまろのおみ》は、読みあげる表文《ふみ》が終わりに近づいているのに、子麻呂らが出て来ないことを心配し、そのため全身汗にまみれて声が震え、手もふるえてしまった。鞍作臣《くらつくりのおみ》（蘇我入鹿）はこれをいぶかしみ、「どうしたのだ、その震え尋常ではないぞ」と尋ねた。山田麻呂は、「陛下のお側近くおりますので、畏れ多さのあまり不覚にも汗が……」と答えるのがやっとであった。中大兄は、子麻呂らが入鹿の威厳に恐れをなし、進み出るのをためらっているのを見て、「やあ！」と叫ぶと、子麻呂らとともにおどり出て、いきなり剣で入鹿の頭と肩に斬りかかられた。入鹿は驚き、立ち上がった。子麻呂も剣を振るい、入鹿の片方の足に斬りつけた。入鹿は転がるようにして、天皇の御座にすがりつき、頭を振って、「皇位にあらせられるべきは天の御子でございます。それがしが、いったいどのような罪を犯したというのでしょう？　どうかご詮議のほどを！」と嘆願した。天皇はひどく驚かれ、中大兄に、「いったいこれは！　どうしてこのようなことをしたのか？」と下問された。中大兄は地にひれ伏し、「鞍作は皇族を根絶やしにして、皇位を絶とうと企んでおりました。鞍作ごとき者のために、天孫たる皇族が滅びることがあってよいものでしょうか！」と仰せになった。天皇は席を立つと、そのまま宮殿のなかにお入りになった。

ここでも入鹿は、「皇族を根絶やしにして、皇位を絶とうと企んでおりました」と見えるように、王権の簒奪を計画していたとされている。周知のように『日本書紀』は、入鹿や蘇我氏が天皇家を絶滅させ、それに取って代わろうとしていたと描いているわけである。これが事実を伝えていると考える人もいるが、そのように理解するのは明らかに誤りといわざるをえない。

なぜならば、『日本書紀』において天智天皇が、当初から「天命開別」として登場していることから明らかなように、以下の叙述でも、こと天智天皇が関わる場面においては、わが国には実在しなかった、交替をくりかえす中国的な王朝の存在が前提とされていると考えるべきだからである。

そもそも『日本書紀』とは、『日本書』（「日本」という名の王朝の歴史書）のなかの「紀」（本紀）として企画されたのではないかといわれている。その書名自体が、王朝交替を所与の前提とした中国の歴史書（『漢書』『後漢書』などのいわゆる正史）にならって定められた可能性が高いのである（三浦佑之《すけゆき》『古事記のひみつ』吉川弘文館、二〇〇七年など）。

入鹿と蘇我氏が、皇極四年六月、天智天皇によって滅ぼされたことはたしかである。だが、それは彼らが実際に王権を乗っ取ろうと企てていたからではなかった。蝦夷《えみし》・入鹿が王権簒奪を企んでいたので滅ぼされたといわれるようになったのは、彼らをその手で討った天智天皇が、後に「天命開別」、すなわち「天命」を受けて王朝を開いた英雄的人物とされたためである。蝦夷・入鹿父子が「王朝の始祖」たる人物のお手討ちにあったということは、それ相応の大罪に手を染めたからにちがいないというわけである。

しかし、天智天皇が新たに王朝を開いたといっても、彼の父舒明天皇をはじめ、それ以前にも歴代の天皇がいたことになっている。したがって、「天命開別」とは「王朝の始祖」というよりも「王朝中興の祖」という意味になるであろう。要するに、若き日の天智天皇は、蝦夷・入鹿によって奪われかけた王権を持ち前の武力と胆力で取り戻すという、「王政復古」を果断に成し遂げた英雄的人物だったとみなされるようになったのである。

以上のように、ほかならぬ『日本書紀』が、いわゆる乙巳《いっし》の変に天智天皇による「王政復古」という歴史解釈をあたえたのである。ただ、それはあくまでも、中国の歴史の概念や装置を駆使して、わが国の歴史をできるだけスケール大きく描き出そうとする試みにすぎなかった。

では、乙巳の変における天智天皇の実像とはいったいどのようなものだったのであろうか。

天智天皇が蝦夷・入鹿を殺害するという軍事行動に加担し、そこで重要な役割を演じたことは明らかである。そして、この乙巳の変によってもたらされたもっとも大きな変化、激変といえば、この政変を契機に史上初の譲位が実現し、皇極天皇の譲りを受けて孝徳天皇が即位しているということであろう。

乙巳の変とは、『日本書紀』の描くような「王政復古」などではなく、実態としては史上最初の王位の生前譲渡をめざした政変だったと考えられる。そのように見るならば、この政変を断行したのは、政変の結果、王位と王権を掌中にした孝徳天皇や、彼を支援する立場にあった蘇我倉山田石川麻呂《そがのくらのやまだのいしかわのまろ》らであったといえよう（拙著『大化改新――六四五年六月の宮廷革命』中公新書、一九九三年）。

若き日の天智天皇は、このような王権の大転換をもたらした軍事行動において重大な役割を果たしたのであるから、それを担うにふさわしい資質と力量をそなえていたにちがいない。したがって、政変によって誕生した孝徳天皇の政権において、その点が高く評価され、以後、王権の軍事部門を統括する役割があたえられていたのではないかと見られる。

天智天皇は入鹿を殺していない？

だが、近年中村修也氏は、天智天皇は入鹿暗殺の現場にはいなかった（入鹿殺害に手を下してはいない）とする新説を提唱している（『偽りの大化改新』講談社現代新書、二〇〇六年）。なぜならば、天智天皇にはそもそも、入鹿を暗殺する動機がなかったからというのである。中村氏によれば、皇極天皇の治世はあくまで入鹿の権勢に支えられて成り立っており、次期天皇候補としては、蘇我氏出身の母をもつ古人大兄皇子と、葛城を本拠とした蘇我氏の手で養育された天智天皇（実名が葛城皇子）という、いずれも蘇我氏と親しい関係にある二皇子にしぼられていたとする。

当然のことながら皇極天皇は、できれば息子である天智天皇に皇位を譲りたいと考えていたはずであるという。したがって、即位のチャンスが十分にあった天智天皇にしてみれば、入鹿暗殺という危ない橋を渡る必要などまったくなく、黙っていてもいずれ即位の順番が回ってきたというのである。

だが、それにくらべて皇極天皇の同母弟の軽皇子（後の孝徳天皇）は、彼が天皇になるためには古人大兄皇子と天智天皇の二人を倒さねばならなかった、と中村氏は考える。そのために孝徳天皇は、彼ら二人の権勢を支える権力者である入鹿を排除することにより、「一発逆転」を企てたというのである。孝徳天皇と天智天皇は叔父と甥の間柄であったが、蘇我氏をめぐっての利害関係がまったく合致しないのであって、彼らが「共闘」することはありえないと中村氏は述べる。

一読、なるほど筋が通っているように見える中村氏の説明であるが、疑問が少なくない。

まず中村氏は、皇極天皇の治世が蘇我入鹿の独裁下にあり、皇極天皇は天皇でありながら入鹿の顔色をうかがわねばならず、彼が許容してくれる範囲でわが子の即位をひそかに願うにとどまっていたと理解している。だが、皇極天皇が傀儡《かいらい》にすぎず、入鹿や蘇我氏が当時の皇位継承をすべて自在にしていたという前提自体に問題がある。皇極天皇は前天皇である舒明天皇のキサキとして、いわばその経験と実績が評価されて即位したのであって、彼女が皇位継承問題に関して一から十まで入鹿のいいなりになっていたという考えかたにはしたがえない。

また、孝徳天皇が古人大兄皇子や天智天皇とは異なり、蘇我氏との縁故がなかったために即位の可能性が乏しく、だからこそ彼には蘇我氏を滅ぼす切実な動機があったという説明も容易に納得しがたい。後述するように、即位前の孝徳天皇が蘇我入鹿と軍事行動をともにしたという『家伝』上（鎌足伝）の記述は創作であり、事実とは到底みとめがたいが、それでも孝徳天皇が入鹿や蘇我氏とまったく接点をもっていなかったとはいえないであろう。

そもそも、中村氏のいうように、蘇我氏の庇護も何もない孝徳天皇が、どうして蘇我氏に殊遇を受けている二皇子を排して自身が天皇になろうという野心を抱いたというのであろうか。皇位継承への野心は、それを裏付けるものがあってこその話ではないだろうか。ややもすれば、中村説では孝徳天皇の野望なるものが先行しており、孝徳天皇の即位の正統性がまったく問題にされていない憾《うら》みがある（孝徳天皇はたんに強運によって皇位を勝ち得たのではない）。それは中村氏が、この時期の皇位継承はすべて蘇我氏の胸三寸で決まったと考えていることによる誤りといわざるをえない。

さらに中村氏は、天智天皇が入鹿暗殺に加担していない理由として、『日本書紀』編纂当時、「王位継承をめざす皇子は絶対に殺人を犯してはいけない」とする不文律があったことを強調している。

中村氏はいう、「大王位に就こうと思っている王子は自分の手を血で穢《けが》してはならないのです。／なぜなら、血の穢《けが》れの問題があるからです」。

もし、中村氏のいうとおりであるとすれば、入鹿の血で手の汚れた天智天皇に即位の資格はなかったはずであるから、実際に天皇になった彼がそのような凶行におよんだとはおよそ考えがたいことになろう。しかし、中村氏がいうような「血の穢れ」に対する極端な忌避があったとは考えがたい。やはり、天智天皇が蘇我入鹿をその手で討ったことについて、これを殊更に疑う必要はないといえよう。

2　孝徳天皇紀〜斉明天皇紀

捏造された「皇位の譲り合い」

乙巳《いっし》の変の顚末《てんまつ》を記した『日本書紀』巻第二十四（皇極天皇紀）は、皇極天皇の譲りを受けて孝徳天皇（軽皇子《かるのみこ》）が即位し、天智天皇（中大兄皇子《なかのおおえのみこ》）が皇太子に立てられたとの一文で締《し》め括《くく》られている。そして、つぎの巻第二十五（孝徳天皇紀）では、天智天皇の立太子に至る経緯が改めて説明されているのである。

それによれば、蘇我入鹿が暗殺された翌々日、その父蝦夷が滅んだ翌日の六月十四日、皇極天皇はわが子天智天皇への譲位を発議したが、天智天皇は腹心中臣鎌足の提言を容《い》れて、これを謝絶したという。鎌足はつぎのように述べたという。

古人大兄《ふるひとのおおえ》は殿下の兄君、軽皇子（孝徳天皇）は殿下の叔父君にあたられます。これらの御方を差し措《お》いて殿下が即位なされば、それは人の弟として恭《うやうや》しくへりくだるという精神にもとることになります。いまは叔父君を天皇にお立てになり、民の望みに応えるのが上策と申せましょう。

天智天皇は叔父孝徳天皇を次期天皇として推挙したのだが、孝徳天皇も皇位継承を固辞した。彼はこういったとされる。

大兄命《おおえのみこと》は先の天皇（舒明天皇）の皇子であらせられ、年齢も即位されるのに申し分がございません。この二つの理由により、あの御方こそ皇位をお継ぎになるべきです。

そこで、皇極天皇は古人大兄皇子に皇位継承を打診した。ところが、彼はそれを断り、出家の意思を表明する。そして、みずから飛鳥寺《あすかでら》に出向き、そこで出家の儀式を遂げてし

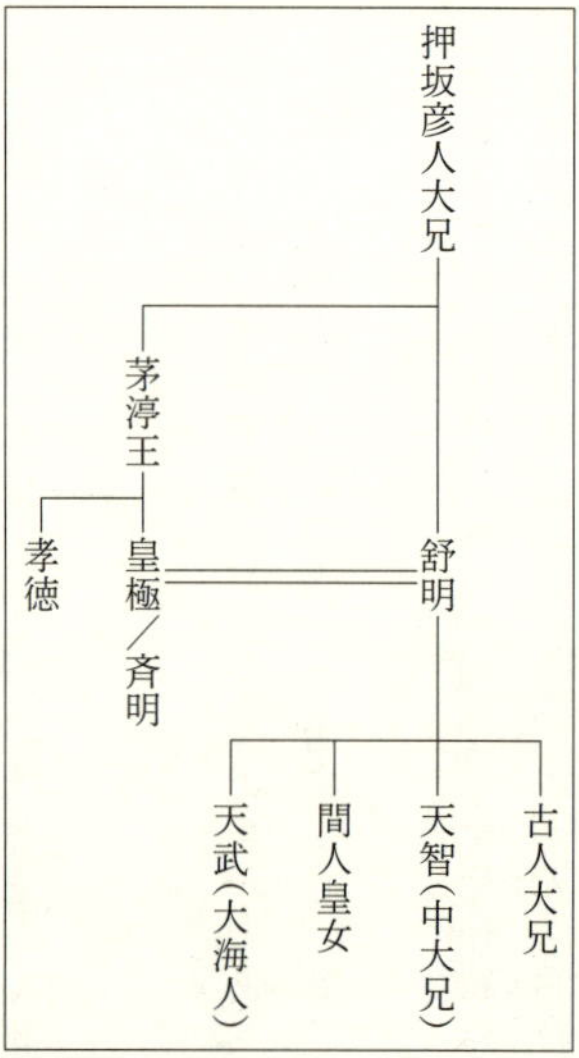

天智天皇の周辺

まう。このように、三人の皇子による皇位の譲り合いの後、その日のうちに孝徳天皇が即位の儀礼を挙行し、この新天皇によって天智天皇は皇太子に立てられた、と『日本書紀』は描いているのである。

天智天皇が孝徳天皇のもとで皇太子に立てられたとする記述は、先に見た舒明十三年十月丙午条に「東宮の開別皇子」とあったのと同様、彼が早い段階から有力な皇位継承資格者だったことを示すために書かれたものといえよう。また、天智天皇の立太子が実現する直前、彼をふくむ三人の皇子たちによって皇位の譲り合いがあったというのも、天智天皇の即位資格の正統性を強調するために創作された話であると見られる。

すなわち、先に述べたように、『日本書紀』における天智天皇は、その類《たぐい》まれな武力によって「王政復古」を成し遂げた若き英雄として描かれている。当然のことながら、直ちに即位してしかるべきである。ところが、実際には乙巳の変直後に彼は天皇になっていない。

この辻褄《つじつま》を合わせるために、天智天皇が「王政復古」を断行しながらも、鎌足の忠告に虚心に耳を傾け、皇位を辞退する謙譲の人であったという話と、三皇子による皇位の「たらい回し」という前代未聞の事態が出来《しゅったい》したとする話が考え出されたといえるであろう。

異母兄、古人大兄皇子を討つ？

乙巳の変後に孝徳天皇の政権が発足して早々、新政権に対する反逆計画が発覚した。それは、『日本書紀』大化元年（六四五）九月戊辰《ぼしん》条につぎのように見えるものである。

古人皇子《ふるひとのみこ》が、蘇我田口臣川堀《そがのたぐちのおみかわほり》・物部朴井連椎子《もののべのえのいのむらじしいのみ》・吉備笠臣垂《きびのかさのおみしだる》・倭漢文直麻《やまとのあやのふみのあたいま》呂《ろ》・朴市秦造田来津《えちのはたのみやつこたくつ》らと、天皇に対する反逆を計画した（ある本によれば、古人太《ふるひとのひつぎの》子《みこ》という。また別の本によれば、古人大兄とある。この皇子は吉野山に入ったので、吉野太子《よしののひつぎのみこ》ともよばれている。垂は、これを之娜屢《しだる》とよむ）。

乙巳の変の直後に出家して皇位継承権を放棄、仏道修行のために吉野の山中に入った古人大兄皇子とその一党が、孝徳天皇の政権に反逆を企てていたというのである。それは、つぎの同年同月丁丑《ていちゅう》条にあるように、関係者の密告によって発覚したと描かれる。

吉備笠臣垂が中大兄皇子に自首して、「吉野の古人皇子が、蘇我田口臣川堀らと反逆を企て、それがしも計画に加担しております」と申し上げた（ある本によれば、吉備笠臣垂が阿倍大臣《あへのおおまえつきみ》と蘇我大臣《そがのおおまえつきみ》に対し、「それがしは吉野皇子による反逆の一党に加わっておりました。それゆえ、いま自首いたします」と告げたという）。そこで、中大兄は菟田朴室古《うだのえむろのふる》と高麗宮知《こまのみやしり》らに若干の兵を率いさせ、古人大市《おおち》皇子らを討ち取らせられた（ある本によれば、十一月三十日に、中大兄は阿倍渠曾倍臣《あへのこそへのおみ》と佐伯部子麻呂《さえきべのこまろ》の二人に命じ、兵士四十人を率いて古人大兄を攻め、古人大兄とその男子を斬らせられた。その妃妾《みめ》は自ら首をくくって死んだという。また、ある本によると、十一月に吉野大兄王《よしののおおえのみこ》が反逆を企てたが、それが発覚して誅殺《ちゅうさつ》されたとある）。

ここに見えるように、古人大兄を中心とした謀反計画は天智天皇のもとに通報されており、そして、天智天皇が吉野への派兵を命じたと伝えられている。これらのことから、この事件については、孝徳天皇はあくまで傀儡にすぎず、実権を掌握していた天智天皇が後顧の憂いを絶つために、謀略を仕掛けて異母兄古人大兄を陥れたのだとされてきた。蝦夷・入鹿が滅び去った以上、彼らを後ろ盾としてきた古人大兄の存在は、いずれ排除せねばならなかったというわけである。

たしかに『日本書紀』は、天智天皇が蝦夷・入鹿父子の野望を粉砕して「王政復古」を成し遂げたと描いているわけであるから、滅び去った蝦夷・入鹿の一党・同類というべき古人大兄が、天智天皇によって成敗されるというのは当然の帰結といえよう。『日本書紀』において、古人大兄とその家族は、蝦夷・入鹿と一蓮托生で滅ぼされるべくして滅ぼされたと描かれている。

だが、そこに天智天皇の謀略なるものが介在する余地はない。若き日の天智天皇はさすがに「王朝中興の祖」だけあって、たとえ血を分けた兄であろうとも、王朝の存立を脅かす者には容赦なかったという点が強調されているのである。『日本書紀』は古人大兄の事件をおよそ以上のように描こうとしているのであるが、実際、天智天皇はこの事件にどのように関わったのであろうか。

すでに述べたように、天智天皇が蝦夷・入鹿を滅ぼした政変において、実際に刀槍をふるい活躍をしたことは明らかであり、その後に樹立された新政権において、彼はいわば軍事部門を統括する立場にあった。したがって、古人大兄らの謀反計画なるものが天智天皇のもとにもたらされたことも、また、彼が吉野に兵を差し向ける指揮権を発動していることも、その立場や職権からいって当然のことと理解できると思われる。

率先垂範――「大化改新」の先駆け？

孝徳天皇の時代といえば、『日本書紀』は後に「大化改新」とよばれることになる一大改革のことを詳細に記している。それは、改革の要綱というべき「改新之詔」四箇条のほぼ全文と思われるものを大化二年（六四六）正月甲子《かっし》朔《さく》条に掲載しているほどである。

この「改新之詔」の真偽をめぐって論争があったことは周知のとおりだが、『日本書紀』は、この大改革で天智天皇がどのような役割を果たしたと描いているであろうか。じつは、それはつぎの大化二年三月壬午《じんご》条、これ一件のみといってよい。

> 皇太子は使者を差し向けて孝徳天皇につぎのように奏上を行った。「遠い過去の天皇の御世《みよ》には、天下の人びとを一つにまとめてお治めになりましたが、近頃になって人びとは互いに分かれ離れ、その業（国の業のことである）を失ってしまいました。わが天皇陛下が万民をお救いになるべき時にあたり、天も人もそれに応じて、ここに新しい政治が行われることになりました。謹んでお慶びを申し上げる次第です。ところで、明神《あきつみかみ》として八《や》嶋国《しまぐに》を統治されている天皇陛下が、かつてそれがしにお尋ねになるには、『もろもろの臣《おみ》・連《むらじ》および伴造《とものみやつこ》・国造《くにのみやつこ》が所有している、昔の天皇が置かれた子代入部《こしろのいりべ》、皇子《みこ》たちが私有している御《み》名入部《なのいりべ》、それに皇祖大兄《すめみおやのおおえ》御名入部とそ

れぞれの屯倉《みやけ》をこれまでどおりに置くべきか否か』ということでございました。それがしはこの詔を謹んで承り、『天に二つの日はなく、国に二人の王があってはなりませぬ。それゆえ、天下を統治し、万民を使役できるのは、ただ天皇陛下のみでございます。入部や食封《へひと》として賜った民を仕丁《つかえのよぼろ》に充てることについては、前の処分《さき》（仕丁は今後、五十戸から一人徴発する）にしたがうべきです。それ以外の入部については、私的に使役することがあってはならぬと考えますので、入部五百二十四口、屯倉百八十一所をここに献上いたします』とお答え申し上げるものであります」

これより先、孝徳天皇から「皇太子」だった天智天皇に対し、「子代入部」「御名入部」「皇祖大兄御名入部」（いずれも天皇・皇族に対する貢納・奉仕の義務を負わされた民の集団のこと）およびそれぞれに付属する「屯倉」の廃止について諮問があったという。それに対し天智天皇は、まず全国の民を所有し、自在に使役できるのはあくまで天皇一人であるという大原則を確認している。そのうえで、「子代入部」などから「仕丁」（中央政府において種々の労役に服する成人男子）を徴発する基準は、「前の処分」（「改新之詔」第四条と見られる）にしたがうこととし、それ以外に「子代入部」などからの無制限の徴発・使役はみとめないようにいたしましょうと提案した。

そして、天皇のみが全国の民を所有・使役できるという原則を周知徹底させるためにも、彼自身が保有していた「皇祖大兄御名入部」（祖父の押坂《おしさかの》彦人大兄皇子《ひこひとのおおえのみこ》から相続した押坂部がその実体であるといわれる）および「屯倉」を孝徳天皇に献上したというのである。これはまさに、明治初頭に行われた版籍奉還に相当するというべきものであろう。

この天智天皇の行為は、改革の眼目ともいうべき部《べ》の廃止について、彼が率先して範を垂れたものと理解されてきた。それは、彼が改革の中心人物であり、だからこそ改革の主旨をもっともよく理解していたはずだという大前提があったためである。

だが、そのような前提を外して見るならば、話はまったく違ってくる。天智天皇はあくまで孝徳天皇から諮問を受けたにすぎず、しかも具体的に答えた内容は部からの「仕丁」徴発という限定された問題にすぎなかった。また、彼が保有する「皇祖大兄御名入部」を返納したのは、彼が改革の発案者であり、改革の主旨を誰よりも理解していたからかといえば、かならずしもそうではなかったことになる。

すなわち、「皇祖大兄御名入部」は、推計によれば一万五千七百二十戸（律令制のもとでの郷数に換算して三百十四郷分）という莫大なものであった（薗田香融「皇祖大兄御名入部について」『日本古代財政史の研究』所収、塙書房、一九八一年）。この点を重視するならば、天智天皇に「皇祖大兄御名入部」を芝居気たっぷりに返納するという役割が回ってきたのは、その規模がおそらく最大であっただけに、政策の徹底をアピールするのにもっとも効果的であると考えられたからであろう。

いずれにしても、『日本書紀』のなかで天智天皇が「大化改新」とよばれる改革に積極的に関与したとされるのは、この一件のみなのである。これではとても、彼が後の律令制国家につながる大改革の中心人物であったとはいいがたいであろう。少なくとも『日本書紀』は、「大化改新」が天智天皇によって主導されたとは描いていない。

改革の要綱たる「改新之詔」が、当時未成立のはずの律令の条文によって修飾されていることはよく知られている。それは、『日本書紀』が孝徳天皇の政権による改革が律令国家の建設をめざすものであったと認識していたことを示す。それにもかかわらず、『日本書紀』において天智天皇がそのような改革に積極的に関わった姿がほとんど描かれていないのは、『日本書紀』が天智天皇を律令に代表される法や制度とはおよそ無縁な人物ととらえていたことを物語っている。

これは、私たちがよく知る天智天皇像とは大きく懸け離れたものといえよう。

岳父、蘇我倉山田石川麻呂を陥れる?

乙巳の変に加担した蘇我倉山田石川麻呂は、孝徳天皇の政権で右大臣の要職に任命され

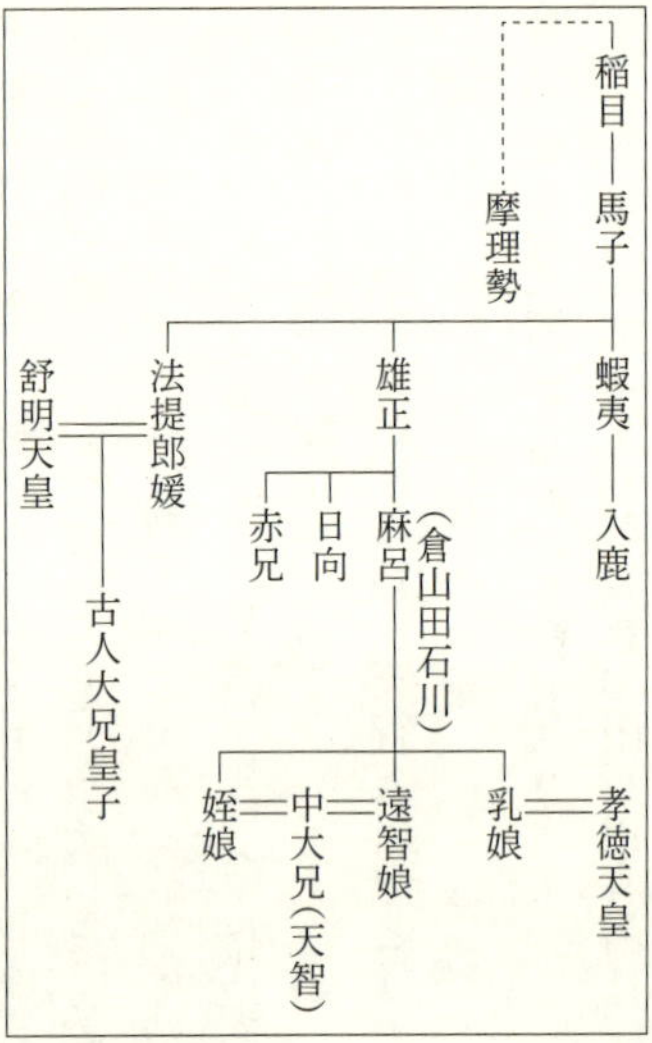

蘇我氏の系図

た。彼は娘を二人、天智天皇に嫁がせていた。遠智《おちの》娘《いらつめ》（造媛《みやつこひめ》）と姪《めいの》娘《いらつめ》である。遠智娘が後の持統天皇（鸕野讃良皇女《うののさららのひめみこ》）を生むことになる。

大化五年（六四九）三月に、この麻呂が「謀反」を告発されるという事件が出来する。それは、三月戊辰《ぼしん》条につぎのように描かれている。

蘇我臣日向《ひむか》（その通称は身刺《むざし》といった）が、倉山田大臣《くらのやまだのおおまえつきみ》（蘇我倉山田石川麻呂）を皇太子（天智天皇）に讒訴《ざんそ》して、「それがしの異母兄の麻呂は、皇太子殿下が浜辺でくつろがれておられる時をうかがい、そのお命を奪いたてまつらんと企てております。その実行も近日中かと心得ます」と申し上げた。皇太子はこれを信用なされた。孝徳天皇は、大伴狛連《おおとものこまのむらじ》・三国麻呂公《みくにのまろのきみ》・穂積噛臣《ほづみのくいのおみ》を蘇我倉山田麻呂大臣のもとに遣わし、謀反の真偽について尋ねさせようとなされた。それに対して大臣は、「お尋ねに対する返答は、それがしが直接陛下にお目に掛かって申し上げよう」といった。天皇はふたたび、三国麻呂公と穂積嚙臣を遣わし、大臣の容疑について審議させようとなされた。だが、麻呂の返答は先と変わりはなかった。そこで天皇は軍を集め、大臣の家を囲もうとなされた。

このように、天智天皇は事件の発端にちらりと顔を出すだけで、その後の展開には姿を見せない。そして、彼がつぎに登場するのは、難波《なにわ》から逃走した麻呂が飛鳥の山田寺で自害した後である。それは、大化五年三月是月条につぎのように見える。

> 使者を遣わして、山田大臣《おおまえつきみ》の財産を没収させた。財産のうちで、高価な書物や貴重な財宝の上にはすべて皇太子殿下にたてまつると書かれていた。使者が帰って、そのことを報告すると、皇太子ははじめて大臣が清廉で潔白な人であったことをお知りになり、自分の軽率な行動を悔い、いつまでもお嘆きになられた。そこで讒言《ざんげん》を行った日《ひ》向臣《むかのおみ》を筑紫大宰帥《つくしのおおみこともちのかみ》に任じて都から遠ざけようとされたが、世の人はこれを「隠流《しのびながし》（流罪というべき左遷）とはこのことよ」と語り合った。皇太子妃の蘇我造媛《みやつこひめ》は、父大臣が物部二田造塩《もののべのふつたのみやつこしお》という者に斬られたと聞き、心を痛め、悲しみのあまりに、塩という言葉を聞くのもいやがった。そこで彼女に近侍する者たちは、塩とい

う言葉を避けて堅塩《きたし》とよぶことにした。しかし、造媛はついに傷心の果てに亡くなった。皇太子はそれを聞いて、たいそう悲しまれた。この時に野中川原史満《のなかのかわらのふひとみつ》が進み出て、皇太子に歌をたてまつった。

「山川に　オシドリが二羽　仲良く並んでいるように　愛しんでいた媛を　いったい誰が連れ去ったか」

「株ごとに　花は咲いているのに　どうして愛しい媛だけ　咲き出てこないのだろう」

皇太子は感激し、満《みつ》をほめて、「よき歌だ。されど何と悲しい歌よ」と仰せになり、ご愛用の琴をあたえて唱和させ、絹四匹・布二十端・綿二褁《かます》をお授けになられた。

この事件に関しても、右大臣の蘇我倉山田石川麻呂は天智天皇の謀略の犠牲になったというのが通説である。すなわち、天智天皇が一貫して政権の中心にあって改革を強力に推し進めていたが、その岳父にあたる麻呂は急進的な改革に対して批判的であり、時に消極的な抵抗を示したこともあり、天智天皇や中臣鎌足との間に容易に修復しがたい亀裂が生じていたとされる。天智天皇は、左大臣の阿倍内麻呂《あへのうちのまろ》が病没したのを好機到来と見て、蘇我日向の讒言を巧みに利用し、一気に麻呂を葬り去ったというわけである。

だが、『日本書紀』は、天智天皇の謀略によって麻呂が滅び去ったとは少しも描いていない。天智天皇はあくまで、蘇我日向の讒訴のなかに名前が登場するだけであり、麻呂の標的になっているということで通報を受けたとされているにすぎない。ただ、麻呂が無実であったと知った彼が、日向の讒言を慎重に詮議せずに、直ちに孝徳天皇に通報した自身の軽率と短慮を激しく後悔したことが強調して描き出されている。

麻呂の娘で天智天皇の妃となっていた造媛（遠智娘）が、悲しみのあまりに亡くなり、悲嘆に暮れた天智天皇に歌が献じられた話であるが、これなどは、中国の『捜神記《そうじんき》』（四世紀中頃に干宝《かんぽう》があらわした「志怪〈怪異を記す〉小説集」）に漢の武帝《ぶてい》にまつわる類話が見られる。したがって、これは実録にもとづくというよりは、たんに面白さをねらった創作をもとにした可能性がある。いずれにせよ、天智天皇がたとえ舅《しゅうと》といえども、目的のためには手段を選ばずに謀略を仕掛けて抹殺するような、冷酷非情な人物として描かれてはいないことに留意すべきであろう。

この事件の実態としては、天智天皇が乙巳の変以降、王権の軍事部門を統括していたことを思えば、日向が異母兄の謀議を通報したのが天智天皇であったというのも、ごく自然な成り行きであったと理解できる。天智天皇が蘇我倉山田石川麻呂の失脚を積極的に企図したとはおよそ考えがたい。むしろ、孝徳天皇が軍事を統括する天智天皇を差し措いて、わざわざ側近たちを出動させて麻呂の問責や追討にあたらせている点に、孝徳天皇と麻呂との間の確執の深さがうかがい知られる。乙巳の変を断行した勢力の内訌《ないこう》というのがこの事件の実態ではあるまいか。

置き去りにされた孝徳天皇？

白雉《はくち》四年（六五三）是歳《ことし》条にはつぎのように見える。

皇太子（天智天皇）は孝徳天皇に対して、「倭京《やまとのみやこ》に戻るべきかと存じます」と申し上げたが、天皇はこれをお許しにならなかった。すると皇太子は、皇祖母尊《すめみおやのみこと》（皇極上皇）と間人皇后《はしひとのきさき》を奉じて、皇弟《すめいろど》たちを引き連れて、難波から倭の飛鳥河辺行宮《あすかのかわらのかりみや》にお入りになられた。この時、重臣たちやすべての官僚たちも皇太子に供奉《ぐぶ》して倭に移ってしまった。天皇はこの仕打ちに憤り、皇位を去るご決心をされ、宮を山碕《やまさき》の地にお造らせになった。そして、皇后につぎの歌をお送りになられたのである。

「鉗《かなき》を着けて　大切にしていた駒　その駒はいずこ　厩《うまや》から出さずに　大切に飼っていた駒を　どうして他人が見たのだろう」

これによると、白雉四年、天智天皇は孝徳天皇に「倭京」（奈良県高市《たかいち》郡明日香村の一帯）に帰ることを提案、それが容れられないと、母皇極上皇と妹の間人皇女を擁して難波から「倭京」にさっさと引き揚げてしまったというのである。皇后である間人皇女を連れ去られた孝徳天皇は悲嘆に暮れ、哀切な歌まで彼女に贈ったと描かれる。

この事件については、すでに政権の実質的な中心人物であった天智天皇が、傀儡にすぎない叔父の孝徳天皇をついに見放したのだと理解されてきた。当然のことながら、前天皇たる皇極も天智天皇の意のままになる存在だったとされている。

たしかに『日本書紀』は、現天皇である孝徳をしのぐ天智天皇の力量と存在感を強調しているといえよう。「王政復古」を成し遂げた偉大な天智天皇の前では、孝徳天皇など所詮、哀れな存在にすぎないと描き出そうとしている。孝徳天皇が皇后の間人皇女に贈ったという歌は、その孝徳天皇の哀れな立場を印象づけるために引用されていると考えられる（もともとは民間で歌われていた恋の歌なのであろう）。

この歌のなかの「駒」を間人皇后、それを連れ出した「人」をその兄の天智天皇として、「見る」という行為には相思相愛の男女が互いを見つめ合うという意味があるので、天智天皇と間人皇后という同母兄妹は、道ならぬ恋（当時、同母兄妹の結婚はタブーとされていた）に落ちていたとする理解がある（吉永登《みのる》「間人皇女——天智天皇の即位をはばむもの」『万葉 文学と歴史のあいだ』所収、創元学術双書、一九六七年)。だが、この歌が孝徳天皇の実作であるかどうかはたしかめようがない。そもそも、この孝徳天皇の歌は、天智天皇に圧倒された天皇の哀れな境遇を強調するために配置されているのであるから、この歌の解釈から何らかの事実関係をいうのは疑問とせざるをえない。

このような『日本書紀』の意図を離れて、この事件の実態を考えるうえで注目すべきことは、『日本書紀』が孝徳天皇に対する天智天皇の圧倒的な優位を強調しているにもかかわらず、彼が孝徳天皇の意に反して難波から「倭京」への帰還を果たすにあたり、母の皇極上皇や現皇后である妹の間人皇女の二人を奉じなければならなかったとしていることである。『日本書紀』が記しているように、後年のこと、天智天皇は正式に即位するにあたって、斉明七年(六六一)七月に死去した母天皇と、天智四年(六六五)二月に没した間人皇女の二人を同じ墓(牽牛《けんご》子《し》塚《づか》古墳と考えられる)に埋葬するという儀礼をわざわざ行わねばならなかった。

このことを考え合わせるならば、即位前の天智天皇の権威確立にとって、彼女ら近親女性の存在が不可欠であったことがうかがえる。白雉四年の「倭京」への帰還も、実態としては天智天皇の独力で実現できたとは考えがたいであろう。

有間皇子の「謀反」事件

白雉五年（六五四）十月に孝徳天皇は難波宮で死去した。すると、その翌年正月、皇極上皇がふたたび即位（重祚《ちょうそ》）して斉明《さいめい》天皇となる。斉明天皇は後飛鳥岡本宮《のちのあすかおかもとのみや》を中心にして「倭京」を完成させる一方、阿倍比羅夫《あへのひらふ》を将軍に起用して北方遠征を行わせた。

その治世中、孝徳天皇の遺児、有間皇子《ありまのみこ》（母は左大臣阿倍《あへの》内麻呂《うちのまろ》の娘、小足媛《おたらしひめ》）の「謀反」事件が起きる。『日本書紀』斉明四年（六五八）十一月壬午《じんご》条によれば、それはつぎのとおり。

> 留守官の蘇我赤兄臣《そがのあかえのおみ》が、有間皇子に対して、「天皇の政治には三つの過失がございます。巨大な倉庫を建て、人民から搾取した財をそこに集積したこと。長大な運河を掘削し、その工事にあたる人民のために公糧を無駄遣いしたこと。船に石を載せて運び、それを丘のように積み上げたこと、以上の三つであります」と申し上げた。有間皇子は赤兄が自分に好意的であると知り、つい気を許

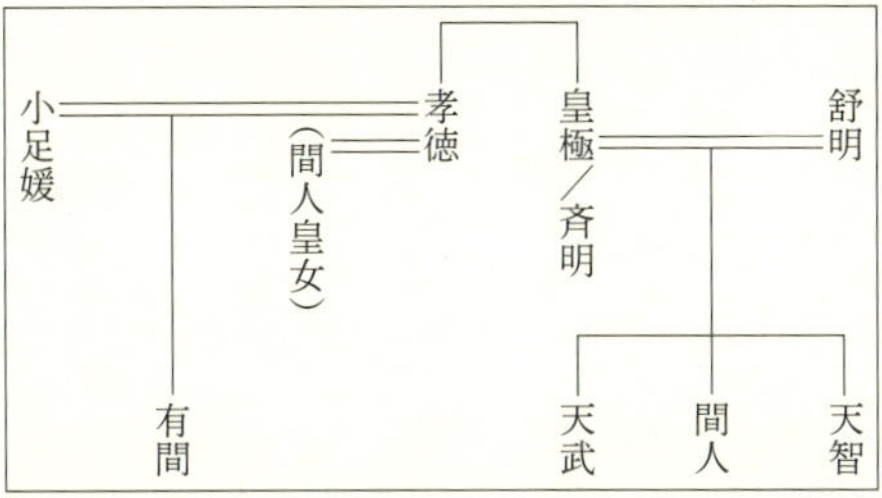

有間皇子の周辺

して、「そうだな。そろそろ吾も武器を手に事を起こしてもよい年頃といえよう」と仰せになられた。

この時、有間皇子は十九歳であったという。とすれば、舒明十二年（六四〇）の生まれということになる。

つづいて同年同月甲申《こうしん》条にはつぎのように見える。

有間皇子は蘇我赤兄臣の家に赴き、高殿《たかどの》で謀議を行われた。その時、脇息《きょうそく》が折れたので、これを不吉な兆しとして、盟約だけを結んで謀議を取り止め、皇子は宮に帰って床に入られた。その夜遅くに、赤兄は物部朴井連鮪《もののべのえのいのむらじしび》を遣わし、宮殿を造営するために集めた役夫を率いて、有間皇子の市経《いちぶ》の宮を囲ませた。それと同時に、急使によって天皇のもとにこれをお知らせ申し上げた。

斉明天皇は紀温湯《きのゆ》（和歌山県西牟婁郡白浜町の湯崎温泉）に滞在中であった。そして、同年同月戊子《ぼし》条にいよいよ天智天皇が登場する。

有間皇子と守君大石《もりのきみおおいわ》・坂合部連薬《さかいべのむらじくすり》・塩屋連鯯魚《しおやのむらじこのしろ》らを捕えて、紀温湯に護送した。舎人《とねり》の新田部米麻呂《にいたべのこめまろ》がこれに供奉《ぐぶ》した。皇太子（中大兄皇子）がみずから有間皇子に、「いかなる理由で反逆を企てたか」とお尋ねになられた。すると、皇子はこうお答えになられた。「天と赤兄だけが知っていることだ。吾は何も知らぬ」

有間皇子の最期は、同年同月庚寅《こういん》条に記されている。

丹比小沢連国襲《たじひのおざわのむらじくにそ》を遣わして、有間皇子を藤白坂《ふじしろのさか》で絞殺させた。同日に塩屋連鯯魚と新田部米麻呂とを藤白坂で斬首に処した。

通説によるならば、有間皇子はかねてより天智天皇に皇位継承上のライバルとして警戒されており、彼は天智天皇の腹心というべき蘇我赤兄の謀略に陥れられ、十九年の短い生涯を終えることになったとされている。要するに、有間皇子は天智天皇の謀略の犠牲になったというわけである。

しかし、『日本書紀』では、天智天皇は事件の最後の最後、有間皇子を取り調べる場面で登場するにすぎない。『日本書紀』は、この事件に関して、かならずしも天智天皇の関与を強調してはいない。

蘇我赤兄は、天智天皇の意を受けて暗躍したといわれているが、『日本書紀』からそれをはっきりと読み取ることはできない。それにもかかわらず、従来そのようにいわれてきたのは、後年、即位した天智天皇の政権において赤兄が左大臣の要職を拝命しているからであろう。また、赤兄は天智天皇の後宮に娘（常陸娘《ひたちのいらつめ》）を差し出している。したがって、赤兄はすでに早く、この頃から天智天皇の腹心・懐刀として暗躍していたにちがいないというわけである。

だが、このような状況証拠以外に、天智天皇と赤兄とを結びつけるものはないといってよい。赤兄がこの一件において、天智天皇の指令で動いたという証拠はないといわねばならない。

むしろ、有間皇子の「天と赤兄だけが知っていることだ。吾は何も知らぬ」という台詞を見るならば、『日本書紀』は、赤兄が有間皇子を陥れたのは彼の独断であり、天智天皇は与《あずか》り知らなかったとしたいようである。

後述するように、赤兄をはじめとした天智天皇の重臣たちは、『日本書紀』では、天智天皇が再興した王朝を衰亡させた元凶扱いされることになるので、以上のように考えることは十分に可能であると思われる。

いずれにせよ、この事件に関して、『日本書紀』の記述から天智天皇の謀略を読み取ることはできない。

では、この事件の実態とはどのようなものであったか。

「倭京」の建設は、一貫して斉明天皇によって推し進められた事業であった。有間皇子はその「倭京」の焼き討ちを画策していたのであり、その意味で主たるターゲットは天智天皇ではなく斉明天皇であったと考えられる。もちろん、斉明天皇が狙われれば、その後継者たる天智天皇も安穏としてはいられない。それでも天智天皇が有間皇子の尋問にあたっているのは、王権の軍事を統括する立場にあった彼にしてみれば、このような一種の軍事法廷の首席検察官を務めるのは当然の行為であったといえるであろう。

時間をも支配した天智天皇

なお、斉明天皇紀には六年（六六〇）五月条につぎの記事が見える。

また、皇太子（天智天皇）がはじめて漏剋《ろうこく》をお造りになり、それによって民に時を知らせようとなされた。

天智天皇が「皇太子」時代、「倭京」の一画に「漏剋」（水時計）を設置したとの記事だが、このような装置によって「民に時を知らせ」るとは、中国においては君主（皇帝）の使命であり、権限であると考えられていた。「天命」を受け王朝を開いた皇帝は、空間のみならず時間をも支配する絶対的な存在とされていたのである。

現天皇である斉明ではなく、まだ「皇太子」にすぎない天智天皇が「漏剋」を造ったとされたことは、『日本書紀』が天智天皇をすでに天皇同然の存在とみなしていた証しといえよう。

この「漏剋」を設置したと考えられる遺跡が確認されている。奈良県高市郡明日香村の水落《みずおち》遺跡である。この「漏剋」を備えた施設が斉明天皇の時代に造られたことはたしかだが、それが「皇太子」たる天智天皇の製造になるというのは、あくまで『日本書紀』がそのように認識したものとして受け止めるべきではないだろうか。

『日本書紀』はあらゆる材料を駆使して、天智天皇を中国の皇帝に、それも王朝を再興した偉大な皇帝に近づけ、その権威を殊更に高めようとしていたのである。「漏剋」設置の記事もその一環であったと理解することができよう。

3 天智天皇紀〜天武天皇紀上

なぜ「称制」としたのか？

さて、斉明七年（六六一）正月、斉明天皇は、前年に唐・新羅《しらぎ》連合軍により滅ぼされた百済《くだら》の遺臣たちの要請を受け、百済復興のためにみずから軍を率いて難波を出帆するが、同年七月に筑紫の地で急逝してしまう。これについて天智即位前紀はつぎのように記す。

斉明七年の七月二十四日に、天皇が崩御したので、皇太子（天智天皇）は喪服を身に着けて称制を行われた。
この月に、唐の将軍蘇定方《そていほう》と突厥《とっけつ》の王子契苾加力《けいひつかりき》らとは水陸両路から高句麗《こうくり》の平壌城下に迫った。皇太子は長津宮《ながつのみや》に移られ、ここにようやく海外の軍政を統括されることになった。

斉明天皇が死去した斉明七年七月から、天智天皇が正式に即位する天智七年（六六八）正月までの彼による執政を、『日本書紀』は「称制」と表現している。「称制」とは、中国において正式に皇帝の地位にない者が、皇帝に代わって皇帝権力を行使することをいう。厳密には、正式に皇帝になっていない者の命令が皇帝の命令（「制」）とみなされるということである。中国の場合、「称制」が行われている時に、幼少といえども皇帝は不在ではなかった。その点において、天智天皇の「称制」とは厳密な意味での「称制」とはいえない。

とすれば、正式即位前の天智天皇による執政を「称制」と名づけたのは、あくまでも『日本書紀』だったことになる。『日本書紀』は、天智天皇を「王政復古」を成し遂げ、王朝を再興した英雄的人物ととらえていたから、即位前の彼による権力執行を「称制」という中国的な概念を用いて表現したのは自然なことであったと思われる。

ただ、正式に皇位に就く前の天智天皇の権力行使が「称制」と命名されたのは、彼と同じようなプロセスをたどって天皇になった者が、自身の即位を正当化するために、そうするように指示した可能性もあると思われる。後述するように、天武十年（六八一）からおよそ四十年におよぶ『日本書紀』の編纂過程の前半期、一貫して権力の頂点にあった持統天皇こそ、「称制」概念をもち込んだ当人だったのではないだろうか。

天智天皇の皇女であった彼女は、詳しくは後述するように、叔父にあたる天武天皇の皇后となり、朱鳥《あかみとり》元年（六八六）五月に天武天皇が病に倒れたことにより、同年七月その皇后として天皇権力を受け継いだ。正式な即位儀礼を挙げたのは持統四年（六九〇）正月であり、約四年におよぶ「称制」期間を経験している。持統天皇が自身の王権継承を正当化するためにも、『日本書紀』の天智天皇関係記事に手を加えた可能性はきわめて高く、この「称制」記事などはその一例ということができよう。

百済王を「冊封」した天智天皇

さて、天智天皇が「海外の軍政」（原文は「水表の軍政」）をどのように「統括」したのか、換言すると、いわゆる百済救援においてどのような戦争指導を行ったかについて、どうしたわけか、『日本書紀』はまったく触れるところがない。

それに言及しているのは、つぎの天智即位前紀九月条くらいである。

皇太子（天智天皇）は長津宮にあって、織冠《おりもののこうぶり》を百済の王子豊璋《ほうしよう》にお授けになった。また、多臣蔣敷《おおのおみこもしき》の妹を娶《めと》らせられた。そこで、大山下《だいせんげ》の狭井連檳榔《さいのむらじあじまさ》と小山下《しようせんげ》秦造《はたのみやつこ》田来津《たくつ》を遣わし、軍五千余を率いて豊璋を護衛して本国に帰還させられた。

これによれば、天智天皇は、百済王子で倭国に人質として遣わされていた豊璋を本国に送還し、百済王として擁立するにあたり、彼に「織冠」（おそらく、当時の冠位十九階制の最高位である「大織《だいしき》」）を授けたという。このように、天智天皇が外国の王に冠位をあたえるとは、その王を天皇の臣下とすることを意味した。

これは、中国の皇帝が周辺諸国の王に対して行った「冊封《さくほう》」にほかならない。中国の「冊封」の場合、官職や爵位があたえられたが、わが国では冠位をもって代用としたのである。いずれにせよ、『日本書紀』のこの記述には、やはり、天智天皇が「冊封」関係の頂点に君臨する中国の皇帝に匹敵する絶対的な存在であったことを暗示しようとする意図があったと思われる。

この記事をのぞけば、『日本書紀』には天智天皇が百済救援戦争や白村江の戦いにどのように関わったのかについて、触れるところがあまりにも少ない。これは、いったいどうしてであろうか。

それは、史料がなかったというよりも、後述するように、天智天皇の王朝を引き継いだと自任していた天武天皇やその周辺においても、「敗軍の将、兵を語らず」であって、この戦争については多くを語りたくなかったのであろう。あるいは、『日本書紀』が中国の唐王朝をひじょうに強く意識して書かれたことを思えば、この戦争に関して、負け戦を勝ち戦だったというように、あからさまな虚偽を記すわけにもいかず、さりとて戦争自体がなかったことにするわけにもいかなかったのではないかと思われる。

天智王朝の「落日」

天智二年（六六三）八月の白村江の敗戦後、西日本の各地において矢継ぎ早に防衛施設が築かれたことが記されるが、いずれも天智天皇を明確に主語とした記述にはなっていない。

「称制」をつづけていた天智天皇が正式に皇位に就任したのは白村江の戦いからおよそ五年後、天智七年（六六八）正月のことであった。それは天智七年正月戊子《ぼし》条につぎのように記されている。

皇太子が皇位にお就きになられた（ある本によれば、六年丁卯《ていぼう》の三月に即位されたと見える）。

ところが、何とも皮肉なことに、乙巳の変による「王朝中興の祖」たる天智天皇の王朝の命運は、早くも尽きようとしていたというのである。少なくとも、『日本書紀』はそのように描こうとしている。それは、つぎの天智七年七月条により明らかであろう。

この頃、近江国で武術の訓練を行い、また牧場を多く作って馬を放牧した。また、越《こしの》国《くに》から燃える土（石炭）と燃える水（石油）が献上された。また、湖畔の建物のもとに、さまざまな魚が水面いっぱいに集まってきた。また、蝦夷《えみし》を饗応した。また、舎《とね》人《り》たちに命じて、各所で宴会を開かせた。それを見てだれもが、「天皇の天命が尽きようとしているのではあるまいか」と囁き合った。

最後の「天命が尽きる」とは、「天命が離れる」ということである。それは、「天命」によってその存続が保証されてきた王朝の衰亡、そして王朝の交替が近いことを意味している。『日本書紀』は、天智天皇が「天命」を受けて武力で「王政復古」を成し遂げた「王朝中興の祖」であるとしながら、他方でその王朝が彼の即位後早くも、衰亡の危機に瀕していたという歴史像を示していたのである。

つぎの天智十年（六七一）是歳条も、王朝の終焉が近いことを暗示するものである。

また、宮中の大炊《おおい》（寮）にある八つの鼎《かなえ》がひとりでに鳴った。ある時は一つの鼎が鳴り、ある時は二つまたは三つがともに鳴り、ある時は八つが同時に鳴った。

「鼎」とは王朝の祖先祭祀の祭器であり、それが鳴動するとは王朝の存続に危険信号が点滅していることをあらわしている。それは、王朝交替を主題とする中国史書に固有の書きかたといってよい。『日本書紀』は、壬申の乱前夜の天智天皇末年、いよいよ王朝の滅亡が迫っていたことを強調しようとしているのである。同じことは天智九年（六七〇）六月条にもうかがうことができる。

ある村で亀を捕らえたところ、背に申《しん》という字が書かれていた。上が黄色で下が黒色、長さは六寸ほどであった。

亀の甲羅にあったという「申」字は「日を貫く形」を示し、それは申年《さる》に大乱が起きることの予兆とされている。亀の上が黄色で下が玄（黒色）とは「天地玄黄」（天地の本来の色）の逆であって、やはり天地がひっくり返るような大乱が起きることを予告するものということになる。

望まれなかった？近江遷都

天智天皇が正式に即位した年の前年三月、「倭京」から近江国の大津宮に政治の拠点が遷《うつ》されている。いわゆる近江遷都である（ただ、厳密には都が遷されたわけではない）。これについては、天智六年（六六七）三月己卯《きぼう》条につぎのように記されている。

都を近江に遷した。この時に天下の多くの人びとが都を遷すことを願わず、これを風刺する者が絶えなかった。世情を風刺した童謡《わざうた》も多く歌われ、また連日連夜にわたって火災が起こった。

近江遷都に反対する声が高かったというのは、これを文面どおりに事実と考える必要はないと思われる。これは、天智天皇によって再興された王朝が、その正式即位のころにはすでに衰亡の兆しが見えていたと『日本書紀』が描いていたのと関連づけて理解すべきであろう。

もちろん、天智天皇が拠点を「倭京」から近江大津宮に遷したこと自体は事実なのであるが、それが天下の人民に歓迎されていなかったというのは、いわば天智王朝の終焉という『日本書紀』が描き出そうとしている筋書きを際立たせるための仕掛けにすぎないということである。

近江遷都については、通説によれば、白村江の敗戦後、唐軍侵攻の危機に備える国土防衛の一環であったとされている。だが、これは『日本書紀』の文脈をまったく無視して、白村江における未曾有の敗戦後という状況論から考え出された説明にすぎない。『日本書紀』によれば、近江大津宮は、天智天皇によって再興された王朝の新たな拠点として建設されたことになっている。しかし、見かけの華やかさとは裏腹に、天智天皇の王朝はじつは衰亡に向かっていたというのが『日本書紀』の歴史像なのである。

ところで、近江遷都の実態としては、近江国の大津が天智天皇の正式な即位にとって不可欠の舞台であったことを重視する必要がある。すなわち、斉明七年七月の斉明天皇の急死後、天智天皇は直ちに即位することなく、大津宮において正式に即位儀礼を挙行したのが天智七年の正月であった。大津という場所がえらばれたのは、天智天皇の皇位継承資格と関わりがあったことがうかがわれる。

それは、換言すれば、天智天皇がいかに前天皇たる斉明の後継者としてふさわしいかという問題と関係する。

斉明天皇は、阿倍比羅夫《あへのひらふ》率いる水軍を東北・北海道地方に派遣し、版図の拡大を企てるという、前後に例を見ない大事業（いわゆる北方遠征）を行った。その後継天皇には、何よりも、その大事業とその成果の継承がもとめられたはずである。

天智天皇がみずからの支配の拠点を琵琶湖畔の大津にもとめたのは、斉明天皇による北方遠征の成果を彼が引き継いだことを内外に示す意図があったからと考えられよう。大津の地は水陸交通の要衝であり、琵琶湖を介して北陸、さらには東北・北海道地方に連絡が容易であった。北方遠征によって服属させたこの地域への支配を強化するのに、これにまさる場所はなかったのである。

鎌足の死が暗示するもの

乙巳の変以来、長年にわたって天智天皇を支えつづけてきた中臣鎌足がついにこの世を去る。享年は五十六と伝えられる。

その死の直前のようすは天智八年（六六九）十月乙卯《いつぼう》条に特記されている。

天皇は藤原内大臣（鎌足）の家にお出ましになり、その病を親しくお見舞いになられた。だが、鎌足の憔悴が著しいのを見て、「天が仁ある者をお助けになることに偽りがあろうはずがない。また、善行を積むものに余慶《よけい》があることを天がお示しにならぬことがあってよいものか。望むことがあれば、何なりと申すがよい」と仰せになられた。それに対して鎌足は、「それがしのように取るに足らぬ者が、いまさら何を望みましょう。ただ一つ願うのは、それがしの葬儀を簡素なものにしていただきたいということのみ。生きては軍国の公務を十分に果たせなかった者が、どうして死に際にご迷惑をお掛けすることができましょうか」と申し上げた。時の賢人はこれを聞き、「この一言は、まさに往古の哲人の名言にも比すべきである。大樹《たいじゅ》将軍が褒賞を辞退したのと同列に論ずることはできないだろう」と讃嘆したという。

この文章の後、鎌足がまさに死の前日に「大織《だいしき》の冠《こうぶり》」「大臣《おおまえつきみ》の位」、そして「藤原の氏《うじ》」を賜ったことが記されている。このうち「藤原の氏」は、後に文武二年（六九八）八月、鎌足の後継者である不比等《ふひと》とその直系の親族によって受け継がれていくことになる。それ以外の一族は、もとの中臣の姓に復することが強制されるのである。

「藤原の氏」はやがて、天智天皇が再興したという王朝最大の功臣である鎌足の正統な後継者の地位を象徴する標識となる。『日本書紀』の鎌足死去の記事は、そのような「藤原の氏」の起源、換言すれば、鎌足の直系の子孫たる藤原氏の特殊性の歴史的根拠を示すために書かれたといってよい。

一般的に、鎌足は策士、あるいは〈文の人〉のイメージが強い。だが、「生きては軍国の公務を十分に果たせなかった」とは、彼が天智天皇と同様に基本的には〈武の人〉と『日本書紀』がとらえていたことを示している。鎌足はあくまでも、その類まれな武力によって「王政復古」を成し遂げた天智天皇にとって最大最高の功臣として描かれているのである。

「時の賢人」以下の文章では、その鎌足が亡くなったことを誰もが惜しんだということが極端に強調されている。これは、前後の文脈から推し量って、鎌足の死が天智天皇の王朝の衰亡を早める結果になったということを読む者に印象づけようとして書かれたものではないかと見られる。もちろん、『日本書紀』がもとにした史料にそのような讃辞が見られたとしても、『日本書紀』がそれを採用したのは、そのような意図によるものだったと考えてよかろう。

「奸臣」あらわる——壬申の乱の「元凶」

それでは、『日本書紀』は、天智天皇の王朝の衰亡がいったい何によってもたらされたとみなしているのであろうか。通常、「天命」が離れるのは、王朝の主宰者である皇帝(天子)自身が、観念上の全世界である天下を支配するのに十分な「徳」を喪失したことによるとされていた。
だが、『日本書紀』の巻第二十七、天智天皇紀のどこを見ても、天智天皇自身の「徳」が喪《うしな》われたことを示す記事は見あたらない。それなのにどうして、天智天皇を皇帝とする王朝は衰亡の危機を迎えてしまったというのであろう。それを示すのが、つぎの天智十年(六七一)四月条ではないだろうか。

筑紫《つくし》より、「八本の足がある鹿が生まれましたが、すぐに死にました」との報告がもたらされた。

また、同様の記事は同年是歳条にも見える。

讃岐国《さぬきのくに》の山田郡に住むある人の家で、四本足のひよこが生まれた(との報告があった)。

「八本の足がある鹿」や「四本足のひよこ」のような多足の動物の出現は、中国の史書において、「奸臣《かんしん》」あるいは「君側《くんそく》の奸」の存在を暗示するものとされている。どのように繁栄を誇った王朝であろうとも、その末期には「奸臣」の台頭を許し、滅亡への坂を転げ落ちていくと考えられていた。『日本書紀』は中国の史書にならい、「奸臣」の存在によって、さしもの天智天皇の王朝も衰亡の危機に瀕していたと描こうとしていたのである。

では、この場合、「奸臣」とはいったい誰を指しているのであろう。それは、『日本書紀』のこの部分を書いた（書かせた）人物にとって、まことに憎むべき、排除すべき存在ということになろう。したがって、『日本書紀』編纂を命じた天武天皇（壬申の乱の当事者である）が、もとより天智王朝衰亡の元凶たる「奸臣」よばわりされるはずがない。

とするならば、「奸臣」とは、その天武天皇が内乱において対決した相手にほかならないことになろう。それは、一般的にいえば、天武天皇には甥にあたる大友皇子《おおとものみこ》とされている。だが、『日本書紀』においては、「奸臣」とは大友皇子ではありえない。

それは何と、「太政大臣」に任命された大友皇子を擁護することを天智天皇に命じられた五人の重臣たち（左大臣の蘇我赤兄《そがのあかえ》、右大臣の中臣金《なかとみのかね》、御史《ぎょし》大夫《たいふ》の蘇我果安《そがのはたやす》・巨勢人《こせのひと》・紀大人《きのうし》）とされているのである。『日本書紀』はそのように描いている。

たとえば、『日本書紀』巻第二十八（天武天皇紀上）、いわゆる壬申紀の冒頭の一節である。

天武天皇は、村国連男依《むらくにのむらじおより》・和珥《わに》部臣君手《べのおみきみて》・身《む》毛君広《げつきみひろ》に命令されて、「いま聞くところによれば、近江朝廷の重臣どもが朕を亡き者にしようと企んでいるという。おまえたち三人は、急ぎ美《み》濃国《ののくに》に行き、安《あ》八磨郡《はちまのこおり》の湯《ゆ》沐令《のうながし》、多臣品治《おおのおみほんじ》に機密を告げて、まずはその郡内にて兵士を集めるのだ。さらに国司にも連絡し、軍勢を駆り集めて、一刻も早く不《ふ》破道《わのみち》を封鎖せよ。朕も日ならずして出立するであろう」と仰せになられた。

これによれば、天武天皇（大海人皇子）は、あくまでも「近江朝廷の重臣ども」の謀略や攻撃からわれとわが身を守るために、やむなく挙兵を決意したと述べている。そこに大友皇子の名は出てこない。

また、天武天皇がついに吉野宮を出発するくだりでも、同じように描かれている。

天皇は、東国に向けて出発しようとなされた。時に一人の臣下があって、つぎのように進言した。「近江朝廷の重臣たちは、もともと策謀に長《た》けております。おそらくは国中に妨害を設け、道路も通行困難になっておりましょう。どうして一兵も率いずに、また御身に武器も帯びられずに、東国に入ることがかなうでしょうか。それがし、事の成就はおぼつかないのではと懸念いたします」

「近江朝廷の重臣たち」は、天武天皇が出家して吉野に隠棲した後も彼を執拗に追い詰めようと画策していたと描かれている。さらに、天武天皇が総帥の地位を長男の高市皇子《たけちのみこ》に譲るつぎの場面においても、天武天皇が対決を迫られている相手は大友皇子ではなく、やはり「近江朝廷の重臣」である。

ここに、天皇は高市皇子に向かって、「近江朝廷では左右大臣や智謀に長けた重臣が集まって計略を立てているのに、朕には戦略を相談する相手すらおらぬ。ただ、幼い子供たちがいるばかりだ。どうしたらよいかのう」と仰せになる。すると高市皇子は、腕まくりをして剣を握って「近江朝廷の重臣がいかに数多くいようとも、どうして陛下のご威光に刃向かうことができましょう。当方は陛下お一人であられようとも、不肖この高市が神々の霊威をこうむり、陛下のご命令を承り、諸将を率いて討伐に向かうならば、これに敵する者などおりますまい」と申し上げた。天皇は皇子をほめたたえ、その手を取り、背中をさすりながら、「よう申した。油断すまいぞ」と仰せになられた。

これによれば、天武天皇にとって大友皇子は敵ではなかったといってよい。『日本書紀』において、天武天皇はあくまで、彼を亡き者にしようとしている「左右大臣や智謀に長けた重臣」と雌雄を決しようとしたと描かれている。

つぎは、倭国の当麻葦池《たいまのあしいけ》のほとりにおける両軍激突の描写である。

近江朝廷の軍は敗走した。天武天皇軍はそれを追撃して、多くの将兵を斬殺した。この時、将軍大伴《おおともの》連吹負《むらじふけい》は、「よいか、よく聞け。このたびの挙兵は罪なき人民を殺すためにはあらず。その趣意は元凶を討ち取ることにある。それゆえ、妄《みだ》りに殺戮《さつりく》いたすこと、断じてまかりならぬ」と布告させた。

ここでは、天武天皇軍の倭《やまと》方面の総司令官である大伴吹負が戦うべき相手を「元凶」と称している。これは、前後の文脈からいって、「近江朝廷の重臣」を指していると考えてよいであろう。『日本書紀』は、大友皇子ではなく彼をいわば担ぎ上げている「奸臣」たちを掃討するというのが、壬申の乱において天武天皇の掲げる大義名分であったと認識しているのである。

権力の正統な継承のための装置

「奸臣」たる「近江朝廷の重臣たち」が天武天皇の殺害を企図していたことは、つぎの場面からも読み取ることができる（天武即位前紀、四年十月壬午《じんご》条）。

東宮（大海人皇子）は吉野宮に入られることになった。左大臣の蘇賀赤兄臣《そがのあかえのおみ》、右大臣の中臣金連《なかとみのかねのむらじ》、それに大納言の蘇賀果安臣《そがのはたやすのおみ》らは、東宮をお見送り申し上げるために菟道《うじ》（宇治）まで行き、そこで引き返した。この時にある者が、「虎に翼を着けて野に放つとは、まさにこのことよ」とつぶやいた。

倉本一宏氏は、じつは蘇我赤兄らは天武天皇を慕っており、ほんとうは吉野までついて行きたいほどだったのだと述べているが（『戦争の日本史2 壬申の乱』吉川弘文館、二〇〇七年）、それは深読みにすぎよう。『日本書紀』は、「奸臣」というべき赤兄ら重臣たちが天武天皇の暗殺を企図したとしているのであり、それを果たせなかった悔恨が、思わず「虎に翼を着けて野に放つとは、まさにこのことよ」というつぶやきになったと描いているのである。この言葉は、彼ら重臣に天武天皇への敵意や殺意があったことを暗示するものとして書かれているといってよいであろう。

また、死期の迫った天智天皇が天武天皇を病床に招くつぎの場面も、天智天皇ではなくその重臣たちに不穏な動きがあったことを示すものである（天武即位前紀、四年十月庚辰《こうしん》条）。

> 天智天皇はご病気になられて、そのお痛みは尋常ではなかった。そこで蘇賀臣安麻侶《そがのおみやすまろ》を遣わして東宮をお召しになり、大殿のなかにお招き入れになられた。安麻侶はかねてより東宮に好意を寄せていたので、ひそかに東宮を振り返って、「くれぐれも、お言葉にご注意を召されますように」と申し上げた。これにより東宮は、何事か陰謀があることをお察しになられて用心なさった。

従来、晩年の天智天皇は、わが子大友皇子を即位させたい一心で、天武天皇を邪魔者扱いし、ついには彼の殺害まで企図するにいたったと考えられてきた。陰謀とは天智天皇によるものと決めつけてきたのである。

しかし、『日本書紀』に天智天皇が天武天皇に殺意を抱いていたとは書かれてはいない。天智天皇は弟の出家を祝福したという。むしろ、明らかに天武天皇に殺意をもっていたとされているのは、「虎に翼を着けて」と口にした重臣たちだったことになっている。天智天皇には弟の天武天皇に対する敵意や殺意などなかった、というのが『日本書紀』

の主張であったと考えられる。とすれば、大友皇子にも叔父天武天皇に対する害意などはなかったと『日本書紀』はいおうとしているのではないか。

ここで注目されるのはつぎのくだりであろう。大友皇子が天武天皇の吉野脱出を知って、その対応策を諮《はか》る場面である。

ここに大友皇子は、重臣たちに「いかなる手を打てばよいか」とお尋ねになった。一人の重臣が進み出て、「対応が遅れれば、敵に利することになります。速やかに精鋭の騎兵を集め、吉野の皇子を追撃すべきであります」と申し上げた。ところが、大友皇子はこの意見を却下された。

これによれば、大友皇子は天武天皇を確実に仕留めることができる作戦をあっさりと退けており、叔父との戦いに消極的だったかのように描かれている。これが事実かどうかはわからないが(おそらく事実とはちがったであろう)、少なくとも『日本書紀』は、大友皇子には天武天皇への敵意や殺意はなかったとしたいようである。

従来は、「大友皇子はこの意見を却下された」とあるのを直ちに事実としたうえで、その意図があれこれと詮索されてきた。たとえば、大友皇子は王者としての正々堂々たる戦いを期していたので、弱小の敵を追撃する作戦を潔しとしなかったのだ、といった解釈である（浜田清次『壬申紀私注』上巻、桜楓社、一九八一年、西郷信綱『壬申紀を読む』平凡社選書、一九九三年など）。だが、「大友皇子はこの意見を却下された」という記述自体が、『日本書紀』の編纂者の構想の一環であるとすれば、このような詮索自体がおよそ無意味ということになるであろう。

中村修也氏は、天智天皇が何と弟の天武天皇の殺害まで企てていたとして、かくも冷酷非情であったがゆえに、その後継者である大友皇子が殺されたとしても仕方がないと読者に印象づけようとしたとする（前掲『偽りの大化改新』）。しかし、事実関係はともかくとして、『日本書紀』は天智天皇ではなく、蘇我赤兄らの五人の重臣、すなわち「奸臣」たちが、こともあろうに天武天皇の殺害を企図していたと描いている。天武天皇暗殺の容疑に関しては、天智天皇は「シロ」というのが『日本書紀』の立場なのである。

以上見てきたように、『日本書紀』は、天武天皇が挙兵にふみきったのは、天智天皇の王朝を蚕食《さんしょく》し、それを滅亡の淵に陥れ、さらには天武天皇の殺害まで企てた憎むべき「奸臣」らを掃討し、天智天皇の王朝の復活、すなわち王朝の正義と秩序を回復しようとしたためと描き出そうとしていた。ロイヤルファミリーには戦争に発展するような対立や確執など一切なかったというのである。それが『日本書紀』における壬申の乱という戦争のとらえかたであった。

古代史上最大の内乱、壬申の乱をさかいにした権力の正当なる継承、この点を強調するためにこそ、「王政復古」としての乙巳の変、天智天皇によって再興された王朝という設定自体や、それを衰亡させた「奸臣」といった種々の装置が必要とされたということができるであろう。

なお、この「奸臣」なるものは、天智天皇紀になって突如登場したのではなかった。その伏線は周到に用意されていたのである。先に述べたように、斉明天皇紀において、蘇我赤兄が有間皇子を挑発し、彼を謀反の罪に陥れたという話は、「奸臣」たる赤兄の片鱗を示すために配置された記事だったのではないかと見られる。

また、皇極天皇紀にも同様の伏線が設けられている。すなわち、乙巳の変の前年、若き日の天智天皇が結婚するはずだった蘇我倉山田石川麻呂の長女を、麻呂の一族の身狭臣《むさのおみ》なる者が拉致したという話が見える。結局、次女がその代役となり、ことなきを得たという話であるが、これなどは、前に述べたように「小説」とよばれるフィクションがもとになっているようである。

孝徳天皇紀には、右大臣となった蘇我倉山田石川麻呂が、異母弟の日向《ひむか》（字は身刺《むざし》）に讒《ざん》訴《そ》されて自殺に追い込まれたことが記されていた。天智天皇の妃となっていた麻呂の娘

（造媛《みやつこひめ》＝遠智娘とされる）は、この事件による心痛のあまり、この世を去ったとされる。この話の後半も、出典は「小説」の類であろう。

身狭＝身刺であり、身狭臣と日向は同一人物であった可能性がある。そうだとすれば、赤兄も加えて、いずれも蘇我倉山田石川麻呂の異母弟であり、彼らには一様に若き日の天智天皇の周辺で暗躍する「曲者」「悪党」の役割があたえられている。これは、やがて天智天皇の王朝を白蟻のように食い荒らすことになる「奸臣」出現の伏線という意図があったのではないかと思われる。

前に鎌足の死去の重大さが強調されて描かれていたのは、彼が亡くなったことで、彼ら「奸臣」の台頭を抑えつけられる者が、もはや誰一人いなくなったことを示すためだったといえよう。

天智天皇関係記事が書かれた時期

以上見てきたように、『日本書紀』が描こうとする天智天皇は、「王政復古」を成し遂げた「王朝中興の祖」であり、軍事的な英雄であったが、晩年には「奸臣」の台頭を許してしまったために、その王朝は衰亡の危機に瀕していたというものであった。これは、乙巳の変での活躍に見られるような〈武の人〉であり、法や制度に関わる〈文の人〉でもあったという、よく知られた天智天皇像とはおよそ異質なものであろう。

このような天智天皇像を創ったのはいったい誰だったのであろうか。換言すれば、このような天智天皇像によって自身の正当化を必要としたのは誰であったのかということである。

それは、天智天皇の後継者である大友皇子を打倒して権力を手中にした人物（壬申の乱の首謀者）およびその関係者ということになる。通説によるならば、それは天武天皇ということになるが、はたして、そのように断定してよいのだろうか。『日本書紀』天武十年（六八一）三月丙戌《へいじゅつ》条にはつぎのように見える。

> 天皇は大極殿にお出ましになり、川嶋皇子《かわしまのみこ》、忍壁皇子《おさかべのみこ》、広瀬王《ひろせのおおきみ》、竹田王《たけだのおおきみ》、桑田王《くわたのおおきみ》、三野王《みののおおきみ》、大錦下《だいきんげ》の上毛野君三千《かみつけののきみみちぢ》、小錦中《しょうきんちゅう》の忌部連首《いんべのむらじおびと》、小錦下の阿曇連稲敷《あづみのむらじいなしき》、難波連大形《なにわのむらじおおかた》、大山上《だいせんじょう》の中臣連大嶋《なかとみのむらじおおしま》、大山下の平群臣子首《へぐりのおみこびと》らに命じて、帝紀および上古の諸事を記録させた。大嶋と子首が自ら筆を執って記録を進めた。

これによれば、『日本書紀』の編纂は天武十年に天武天皇の命令によって開始されたことになっている。しかし、天武天皇はそれからわずか五年後に死去している。その点から考えれば、天武天皇の跡を継いだ持統天皇（正式な即位は持統四年〈六九〇〉である）のほうが、『日本書紀』における天智天皇像の創造に決定的な役割を果たした可能性が高いと考えられる。

それは、森博達《ひろみち》氏の研究からもたしかめられよう（『日本書紀の謎を解く』中公新書、一九九九年）。森氏によるならば、『日本書紀』巻第二十七（天智天皇紀）など天智天皇の活躍を記した部分は、用字や語法などの分析によって、中国語の正確な発音を知り、中国語の文法を心得た人が書いたというα群に分類されている。α群とは、

巻第十四「雄略《ゆうりやく》天皇紀」〜巻第二十一「用明《ようめい》天皇・崇峻《すしゆん》天皇紀」
巻第二十四「皇極天皇紀」〜巻第二十七「天智天皇紀」

である。天智天皇の活躍を記す叙述の大部分がα群に属することになる。

森氏は、α群の書き手を中国人で「音博士《おんはかせ》」を務めた続守言《しよくしゆげん》（斉明六年の唐と百済の戦争において捕虜となり倭国に送られた）と薩弘恪《さつこうかく》の二人とみなしている。天武天皇没後三年目の持統三年（六八九）六月に飛鳥浄御原令《あすかきよみはらりよう》が完成し、その編纂事業から解放された彼ら二人が、α群の撰述に取り組むことになったのではないかとする。α群のなかでも守言は「雄

略天皇紀」以下を、弘恪は「皇極天皇紀」以下を分担して執筆したのであろうと森氏は推測している。

このように、天智天皇像の創造に関しては、もちろん天武天皇の意向も反映されているのだろうが、その造形が行われたのは主として持統天皇の時代であったと考えてよいであろう。その意味で『日本書紀』の天智天皇像は、持統天皇が自身の正当化のために必要としたものだったということができる。

なお、乙巳の変の記述のなかには森氏がいう「倭習」の濃い文章（いわゆる日本的漢文）も見受けられる。たとえば、蘇我入鹿を斬った後で天智天皇がいったという台詞「豈《あに》天孫《あめみま》を以て鞍作に代へむや」などのように、漢文としては明らかに語順が間違っている例である。このような誤用はα群にはほとんどなく、中国語の文法に習熟していない日本人によって書かれたβ群に多く見られるものであった。

この点からいうならば、中国人である弘恪が乙巳の変のくだりを書いた後、β群の編纂過程において、β群の撰述を行った日本人の手によってα群の一部が書き換えられた可能性が考えられるであろう。

第二章　『鎌足伝』の天智天皇像

ここでは、八世紀半ばに成った『鎌足伝《かまたりでん》』が描く天智天皇の人物像を取り上げ、前章で見た『日本書紀』のそれとの対比を試みたい。

いうまでもなく『鎌足伝』は、藤原氏の始祖となった中臣《なかとみの》（藤原）鎌足《かまたり》の伝記である。だが、鎌足の生涯が天智天皇との関わりなしには語れないことからも明らかなように、そこでは天智天皇について多くの筆が費やされている。その意味で、『鎌足伝』から天智天皇像を抽出することは十分に可能であろう。

それは、『日本書紀』が描く天智天皇とはおよそ別人というべきであり、私たちがよく知る天智天皇に近いものであるといえよう。

1 『鎌足伝』と藤原仲麻呂

『鎌足伝』の成り立ち

『鎌足伝』は、『家伝《かでん》』（『藤氏《とうし》家伝』とも）上巻のことを指す。

そもそも「家伝」とは、「功臣の家」すなわち国家に功労のあった貴族の家の伝記のことである。その意味で「家伝」とは普通名詞なのであって、かつて「功臣の家」ごとに「家伝」は存在した。ちなみに、このような「家伝」は、「功臣の家」に授与された水田（功田）とともに、文官の人事事務を統括する式部省の長官（式部卿《しきぶきょう》）の管掌するところであった。「家伝」は本来、式部省によって編まれることになっていた。

かつて数多くの「家伝」が書かれたはずであるが、今日まとまった形で伝えられているのは、『鎌足伝』を上巻とする藤原氏の「家伝」だけである。だから、「家伝」といえば、この『家伝』を限定してよぶようになった。

『家伝』が成立したのは、『日本書紀』成立から四十年後の天平宝字四年（七六〇）頃と考えられている。その上巻である『鎌足伝』は、鎌足の通称「大織冠《たいしょくかん》」を冠して『大織冠《たいしょくかん》伝《でん》』とよばれることもある。鎌足には曾孫にあたり、当時権力の頂点にあった仲麻呂《なかまろ》（淳《じゅん》仁《にん》天皇から恵美押勝《えみのおしかつ》の名を賜った）がこれを書いたことになっている。

他方、『家伝』下巻は、鎌足の孫で不比等の長男にあたり、藤原氏の南家《なんけ》の祖となった武智麻呂《むちまろ》（仲麻呂の実父）の伝記である。こちらは、延慶《えんけい》という僧侶が筆を執った。延慶は仲麻呂家に仕える僧（家僧）であり、あの唐僧鑑真《がんじん》の通訳を務めたこともある人物であった。

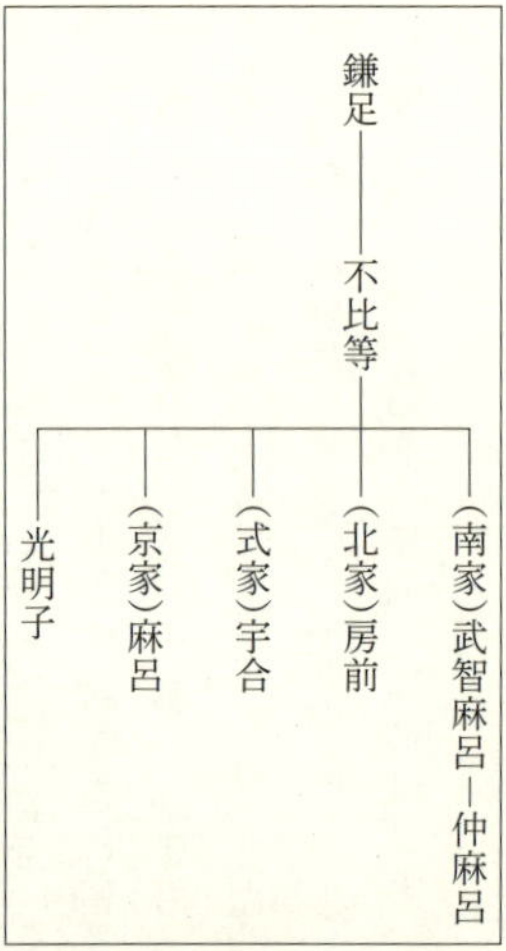

不比等とその四子

先に述べたように、「家伝」は式部省で編纂されることになっていたのに、『家伝』は仲麻呂と延慶の共同執筆である。あるいは、『家伝』は式部省が管掌する一般の「家伝」とは異なり、あくまで仲麻呂自身の個人的な動機により編まれた、その意味で特殊な「家伝」だったのかもしれない。

では、仲麻呂の個人的な動機とはいったい何であろうか。それは、『家伝』下巻が『不比等伝』ではなく、『武智麻呂伝』になっていることからうかがい知ることができよう。

鎌足は、天智天皇から藤原のウジナを拝領しただけであって、実際に天皇家との関係において藤原氏の特殊な地位を築きあげたのは不比等であった。それにもかかわらず、下巻が不比等の伝記とされていないのは、上巻を『鎌足伝』、下巻を『武智麻呂伝』とすることにより、鎌足にはじまる藤原氏本家の座が、不比等を介して武智麻呂に受け継がれていったこと、そして、武智麻呂の子である仲麻呂こそが藤原氏の本家・嫡流《ちゃくりゅう》であることを示そうとしたためと考えられる。

天智天皇と鎌足との強固な主従関係に象徴されるような、天皇家と藤原氏との特殊な関係性を正統に受け継いでいるのは、藤原氏のなかでも他の三家（不比等の次男房前《ふささき》にはじまる北家《ほっけ》、三男の宇合《うまかい》にはじまる式家《しきけ》、四男麻呂《まろ》にはじまる京家《きょうけ》）ではありえず、自身が属する南家なのだという仲麻呂による強烈な自己アピールである。『家伝』編纂が、仲麻呂にとって権力の源泉であった叔母、光明皇太后《こうみょう》（武智麻呂の異母妹）が病に倒れ、再起不能と思われたタイミングで企画されていることからも、そのようにみなして間違いない。仲麻呂は曾祖父鎌足を顕彰し、その正統な継承者が自分であると主張することにより、権力の維持・強化を企図したわけである。

原『鎌足伝』の存否

さて、『鎌足伝』のなかで天智天皇はいったいどのように描かれているであろうか。『鎌足伝』はつぎのように書き起こされている。

内大臣（鎌足のこと）は、諱《いみな》（実名）を鎌足といい、字《あざな》（通称）は仲郎《ちゅうろう》であった。大倭国《やまと》高市郡《たけち》の人である。

ついで系譜記事、幼少年期のエピソード紹介があり、これにつづいて、鎌足が若き日の天智天皇を輔佐《ほさ》して活躍した乙巳《いっし》の変とその前後に多くの筆が費やされる。その内容は、『日本書紀』のそれとまったく同じか、あるいは酷似した部分が目立つものである。それでも、『日本書紀』にはなく『鎌足伝』だけに見える記述も少なくない。それらはいったい何に由来するのであろうか。

これについては、だいたいつぎのように考えられてきた。

Aもともと『日本書紀』と『鎌足伝』が共通して参考にした原史料X、すなわち原『鎌足伝』に書かれていた。『日本書紀』はそれを『鎌足伝』のように細心の注意をはらって採録しなかったのである。

B『鎌足伝』が独自に探し出した原史料Yにもとづく。『鎌足伝』を書いた仲麻呂は、原『鎌足伝』というべき原史料Yによって、『日本書紀』の記述の不備・不足を補ったことになる。

C『日本書紀』をふまえながらも、『鎌足伝』の作者、仲麻呂による創作とみなすべきである。

A説は、『日本書紀』と『鎌足伝』が共通の原史料をもとにした、史料の系統としては兄弟関係にあったという前提に立っている。他方、B・C説によれば、両者は『日本書紀』が親で『鎌足伝』がその子であるという、史料的に親子関係にあったということになる。

私は、A説のように、『日本書紀』と『鎌足伝』の叙述が全体的によく似ているという理由だけで、「両者に共通の原史料があったはずだ」とするのは疑問であると考える。乙巳の変の前後に関して、『日本書紀』に見えず『鎌足伝』のみにある記述の際立った個性や独自性が明らかになれば、両者がともに参照したという原史料Xの存在は想定しがたいことになるであろう。むしろ、はっきりしているのは、基本的に『鎌足伝』がおよそ四十年も前に成立した『日本書紀』を参照して書かれているということである。

つぎにB説であるが、これについてはやや詳しく検討してみる必要があろう。はたして、原史料Yとよぶべきものは存在したのであろうか。

天平宝字元年（七五七）閏《うるう》八月、仲麻呂は、藤原氏の氏寺、興福寺における維摩会《ゆいまえ》の再興を孝謙《こうけん》天皇（女帝）に願い出た。それはつぎのとおりである（『続日本紀』天平宝字元年閏《うるう》八月壬戌《じんじゅつ》条）。

それがしは以下のように心得ております、功績を永く讃えることは国家永続の基本策であり、いつまでも孝心を忘れぬことは家門を繁栄させる大切な事業であると。はるかに古記を探って見ますと、近江大津宮で天下を統治された天皇（天智）は生まれながらの聖君で、聡明な名君であらせられました。国家の制度を考え直され、はじめて法律の条文を制定されました。この天皇の御世に、功田百町がそれがしの曾祖父たる藤原内大臣（鎌足）に下賜されたのでございます。そして、国家の仕組みを一気に正した功績を褒賞され、いまにいたるまで、代々相続を許されてきたのでございます。これ以後、それがしどもは、曾祖父の功績により官位の高い家が多く、公卿に列する者が相次ぎました（この後、鎌足が興福寺において維摩会を創始したことが述べられる）。

これによれば、仲麻呂の手もとには「古記」とよばれる書物があり、そこには稀代の名君、天智天皇により法治国家の基礎が据えられ、鎌足はその事業を一貫して輔佐したがゆえに絶大な褒賞を受けたとの旨が記されていたとされている。B説は、文中に見える「古記」こそが原史料Y、すなわち原『鎌足伝』にほかならないとするわけである。

だが、仲麻呂の奏上によれば、「古記」は、どちらかといえば、天智天皇と鎌足の主従が律令国家建設に偉大な足跡を遺したことを中心に叙述がなされていたようである。あるいは、興福寺維摩会の創始について多くを語るのが「古記」だったのであろう。『鎌足伝』に描かれているような、乙巳の変に関する具体的なエピソードまで克明に記されていたかどうかは疑わしいといわねばならない。

何よりも、『鎌足伝』に見える独自の記載がこの「古記」に由来することを証明するには、換言すれば、「古記」が『鎌足伝』の原史料Yにほかならないと断定するには、『鎌足伝』の独自の記事が、明らかに仲麻呂よりも前にまとめられていたことが確認されねばならない。だが、もし、それができないならば、B説は成立しえないことになろう。

以下、煩瑣ではあるが、乙巳の変前後の叙述のうち、『日本書紀』にはなく『鎌足伝』のみに見える記事が、仲麻呂自身でなければ書けないものであることを示すことにより、A・B説が成立しえないこと、C説にもっとも妥当性があることを確認しておきたい。

顕著な唐風趣味をもつ者が書いた

『日本書紀』には見えない、『鎌足伝』独自の記述のうち、共通の傾向性のあるものをつぎに掲げよう。

鞍作《くらつくり》（蘇我入鹿）は、「すでに喉に刺さった魚の小骨のごとき差支えを取り除き、後顧の憂いはなくなった」と考えた。だが、それはあたかも、安漢公（王莽《おうもう》）が前漢王朝乗っ取りのために演出した不思議議がようやくあらわれ、後漢末期の乱臣、董卓《とうたく》の暴慢が公然と行われたのも同然の暴挙であった。

これは、皇極二年（六四三）十一月に蘇我入鹿が山背大兄王《やましろのおおえのみこ》（厩戸皇子《うまやとのみこ》の息子）を滅ぼした後の感懐とそれに対する編者の評言というべきものである。『鎌足伝』は入鹿の暴虐ぶりを、中国の前漢王朝を簒奪し、新《しん》という王朝を興した王莽（前四五〜後二三年）や、後漢末期にあらわれ暴政をきわめた『三国志演義』で有名な董卓（?〜一九二年）になぞらえている。中国の歴史や故事への並々ならぬ関心が読み取れる箇所といえよう。

なお、「安漢公」以下の原文は「安漢詭譎、徐顕於朝、董卓暴慢、既行於国」である。沖森卓也・佐藤信・矢嶋泉『藤氏家伝　註釈と研究』（吉川弘文館、一九九九年）は、これを「漢の詭譎《きけつ》を安みすること、徐《ようや》く朝に顕れむとするに、董卓の暴慢、既に国に行はれたり」と読み下すが、疑問である。この箇所は、王莽と董卓の傲慢と横暴が対句で強調されているのであって、「安漢の詭譎、徐く朝に顕れ、董卓の暴慢、既に国に行はれたり」と読むべきところであろう。「安漢」とは「安漢公」、すなわち王莽の封号である。

つぎに、鎌足が大事を成就させるために蘇我倉山田石川麻呂を計画に引き入れようとはかる場面である。

そこで、中大兄（天智天皇）は大臣（鎌足）に、「王の行うべき政治が大夫によって行われるようになり、周王朝が季《き》氏に取って代わられようとしている。卿はこれについていかが考えるか。奇策があれば、遠慮なく申すがよい」と仰せになった。大臣は乱を鎮め、正義を回復するためのはかりごとを申し上げた。これを聞いた中大兄は喜び、「そなたは吾にとって子房《しぼう》のような者だ」と仰せになった。そこで、大臣は権門の助力を得ようとした。ひそかに鞍作の弱点を探ってみると、山田臣（蘇我倉山田石川麻呂）と仲が悪いことがわかった。中大兄に、「山田臣の人となりを見るに、剛毅果断で人望も高い。もし山田臣の意を得ることができれば、事はかならず成就するでしょう。いかがでしょうか、まずはかの御方と姻戚関係を結び、しかる後に吾らの心底を打ち明けてみては」と申し上げた。中大兄はこれに同意なされた。山田臣の娘に結婚を申し込むと、山田臣はこれを承諾した。

文中「周王朝が季氏に取って代わられようとしている」とは、中国の周王朝から魯《ろ》国《こく》の季孫《きそん》氏への王朝交替を意味する文言である。わが国の蘇我氏による王権簒奪の企てを、中国において実際にあった王朝交替に比すべきものとしている。また、鎌足が天智天皇によってたとえられた「子房」とは、中国で前漢を興した劉邦《りゅうほう》（漢の高祖）の謀臣、張良《ちょうりょう》のことである。この部分も中国の歴史や故事にひじょうに詳しい者が書いたことが明白であろう。

つぎは、上記「山田臣」の娘が蘇我武蔵（日向《ひむか》）に奪われ、天智天皇が逆上のあまり、みずからの手で武蔵を成敗しようとした場面である。

中大兄は武蔵の無礼をお怒りになり、手ずから誅殺《ちゅうさつ》しようとされた。大臣はこれを諫《いさ》めて、「すでに天下の大事が決しようとしております。それなのにどうして、家中の小事にこだわられますか」と申し上げた。すると、中大兄は思いとどまられた。

文中に見える「天下の大事」と「家中の小事」の対比などは、国家に対する「忠」と家における「孝」とを対比的にとらえる、中国の儒教道徳における基本的な考えかたといえよう。また、この直前のくだりでも、天智天皇が娶る予定だった娘の代役を買って出たその妹に、「私は絶世の美女として名高い西施《せいし》には到底およびませんが、才能と徳をそなえた醜女、嫫姆《ぼぼ》の心意気はそなえております」と語らせるなど、やはり中国の歴史や故事への造詣には並々ならぬものをうかがわせる。あるいは、この書き手は、たんにそのような歴史や故事を知悉《ちしつ》しているだけではなく、それらに言及しないではいられない人物なのであろう。

また、つぎの場面は、天智天皇が皇極天皇に対し事前に入鹿暗殺の計画を打ち明けるかどうか、迷うというくだりである。

そこで挙兵を企てたが、中大兄は、「情誼においては陛下（彼の母である皇極天皇）にお知らせ申し上げたいのだが、計画が失敗することが心配だ。また、計略を黙ってお知らせせず、陛下を驚かし申し上げるのも心苦しい限りだ。臣下として子として、いったいどうしたら義にかなうであろう。諸卿よ、吾に教えてほしい」と仰せになった。これに対し大臣は、「臣下として、子として、大切なのは忠義と孝心です。忠孝のめざすところは、国家を安泰にし、宗廟《そうびょう》を栄えさせることにあります。もし万が一、皇統が絶え果て、国家の大事業が廃れ衰えてしまったならば、もはや忠孝も何もなくなってしまうでありましょう」と申し上げた。すると中大兄は、「すべてはそなたが頼りである。今後も吾を助けよ」と仰せになった。

この部分の書き手は、どうも、この種の儒教的な道徳観を書かなければ気がおさまらないかのようである。そのような傾向は、つぎの蘇我氏滅亡を記したくだりにも見られる。

己酉《きゆう》の日に、豊浦大臣《とゆらのおおまえつきみ》蝦夷は自邸でみずから命を絶った。妖気は一掃され、狼のごとき悪人は鼠のごとく野に身を潜めた。人びとは喜びのあまりに踊り出し、みな口々に万歳を唱えた。中大兄は大臣に、「絶えようとしていた皇統を復活させ、衰えかけていた王朝を再興したのは、すべて卿の尽力によるものだ」と仰せになった。すると大臣は、「ちがいます。それはひとえに殿下の聖徳によるもの、それがしの手柄などではございませぬ。賊徒は武力ではなく殿下の人徳に服したのでございますぞ」と申し上げた。

「絶えようとしていた皇統を復活させ、衰えかけていた王朝を再興した」「賊徒は武力ではなく殿下の人徳に服した」など、これまた、中国の歴史や故事、儒教的な教養を好む人物の筆に成ることが明らかであろう。

以上、これら『鎌足伝』のみに見える独自の記載には、きわめて個性的な傾向性がみとめられよう。それは、話の本筋には直接関係しないコメントの類や、それがなくとも話の進行・展開には支障を来たさない、登場人物の心理・心情などを微細に描写した箇所において、中国の歴史や故事、あるいは儒教的な教養や道徳をふまえた表現を好んで用いるということである。

中国の文化や思想、歴史にきわめて強い興味・関心をもっているだけでなく、どのような場面でも、それに言及しないではいられない人物。この前後の時代において、そのような人物とは、やはり藤原仲麻呂を措いて他には考えがたいであろう。

天平宝字二年（七五八）八月、仲麻呂が「太政官」を「乾政官《けんせいかん》」、「太政大臣」を「大師《たいし》」、「左大臣」を「大傅《たいふ》」、「右大臣」を「大保《たいほ》」といったように、中央官制を一様に唐風に改称したことはあまりにも有名である。「形式的な唐制模倣」（岸俊男『藤原仲麻呂』吉川弘文館、一九六九年）とされる所以《ゆえん》である。仲麻呂の唐風趣味は、唐の『氏族志』百巻（あるいは百三十巻とも）や『姓氏録』二百巻に倣い、『氏族志』（現存しない）を撰進したことにもうかがわれる。

上記した中国の歴史や文化をふまえた評言や心理描写は、実際に『鎌足伝』の筆を執った仲麻呂以外のいったい誰がなしうるであろうか。『鎌足伝』独自の記載の出所が、仲麻呂以前に成ったとされる「古記」であったとは到底考えがたい。

乙巳の変前後に関する『鎌足伝』独自の記載にこのような際立った傾向性があることは、『日本書紀』と『鎌足伝』がともに参照したとされる原史料Xの存在を疑わせる（A説は不成立）。また、その中国の歴史や文化への極端な傾斜は、それが唐風趣味の著しい仲麻呂より以前に成立していたという「古記」＝原史料Yに由来するものではなかったことを物語っている（したがって、B説も成立しがたい）。

『鎌足伝』の皇極天皇にはモデルが

つぎに、『日本書紀』になく『鎌足伝』のみに見える記述が仲麻呂自身の筆に成ることをはっきりとうかがわせる記事を取り上げよう。それはまず、乙巳の変の約二年前に起きた山背大兄王滅亡に関する記述である。

後岡本天皇《のちのおかもとのすめらみこと》（皇極天皇）の二年、干支《えと》は癸卯《きぼう》の冬十月に、宗我（蘇我）入鹿は諸王子と共謀して、上宮太子《かみつみやのひつぎのみこ》（厩戸皇子）の子である山背大兄王らを滅ぼそうとして、「山背大兄はわが一族の生まれである。その明徳は香るようであり、聖人としての評判は世に隠れない。岡本天皇（舒明天皇）が皇位を継承されたおり、諸臣は『叔父（蘇我蝦夷）と甥（山背大兄）との仲がよろしくない』と噂し合ったものだ。また、わが父蝦夷が一族の長老、坂合部《さかいべの》（境部）臣《おみ》摩理勢《まりせ》を討ったがために、山背大兄の父への怨みはいっそう深くなってしまった。いま、天皇はお隠れになり、皇后が正式に即位しないで天皇の政治を行っている。心中の不安が拭いきれぬ。このままでは必ずや内乱が起きるであろう。外戚としての情誼を棄て、国家安泰の計をこそ立てたいと存ずる」といった。諸王はこの提案に承諾したが、それは、入鹿の提議にしたがわないと、身に害がおよぶのを避けようと考えたからであった。

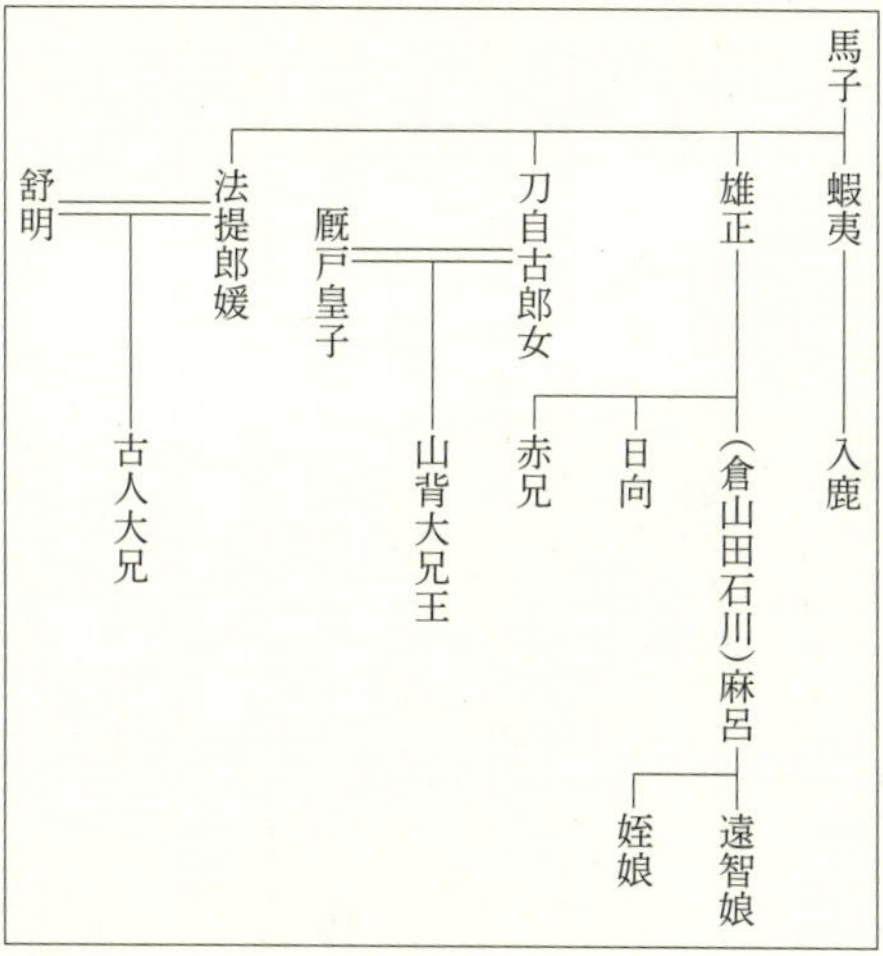

蘇我入鹿と山背大兄王の周辺

これによれば、蘇我入鹿は単独で山背大兄を滅ぼしたのではなく、何と「諸王子」または「諸王」もこれに加担していたというのである。『日本書紀』に見えないこの記述は、これまで、この事件の実態を考えるうえで貴重な史料として重視されてきた。たとえば、これをもとにして、山背大兄の襲撃は入鹿の単独行動ではなく、ここでは「諸王子」「諸王」として登場する、後に孝徳天皇となる軽皇子《かるのみこ》との共同謀議であったと近年では考えられている（著者もかってはそのように考えたことがある）。

ここでは、山背大兄の殺害が「皇后が正式に即位しないで天皇の政治を行っている」という変則的かつ不安定な政情のもと、「国家安泰の計」を立てるには不可避の選択であると入鹿をして語らせている。鎌足に討たれることになる入鹿であるから、『鎌足伝』のなかでどのように悪しざまに書かれてもおかしくないであろう。それなのに、入鹿が極端に悪く書かれていないのはどうしてか。それは、ここに描かれているように、彼が私利私欲ではなく、文字どおり国家の安泰を期するために山背大兄を討ったというのが、容易に否定しがたい事実であったからだと考えられてきたのである。

しかし、問題とすべきは「皇后が正式に即位しないで天皇の政治を行っている」という一文ではないだろうか。この「皇后」とは、舒明天皇の皇后でその没後に即位した皇極天皇を指している。彼女が「皇后」身分のまま「天皇の政治を行った」、すなわち正式な王位就任儀礼を挙げず、あくまでも臨時に王権を行使していたというのだが、それは明らかにおかしい。

『日本書紀』はもちろんのこと、『鎌足伝』の別の箇所においても、たとえば「後崗本天皇」というように、彼女は正式に即位した天皇とされている。それにもかかわらず、仲麻呂がここで皇極天皇について、「皇后が正式に即位しないで天皇の政治を行った」と書いたのは、彼の知るところの「正式に即位しないで天皇の政治を行った」「皇后」の存在が念頭にあったからにほかならない。

その「皇后」とは、仲麻呂の叔母であり、聖武《しょうむ》天皇の皇后であった藤原光明子《こうみょうし》（光明皇后）その人である。彼女は、天平勝宝元年（七四九）七月の聖武天皇の譲位後、皇太后として「紫微中台《しびちゅうだい》」（皇后宮職の拡大・改組）という機構を拠点にして天皇権力の行使にあずかった。仲麻呂はといえば、「紫微中台」の長官（紫微令《しびれい》。後に紫微内相《ないしょう》）に抜擢《ばってき》され、この叔母の力を借りて権力の絶頂をきわめることができたのである。

このように、仲麻呂がこの部分で光明皇后をいわばモデルにして皇極天皇のことを描いているとすれば、『鎌足伝』の主人公であり、仲麻呂がその正統な後継者であると自任する曾祖父鎌足には、当然のことながら仲麻呂自身の姿が投影されていると考えてよかろう。光明皇后が「皇后」すなわち皇極天皇になぞらえられているとするならば、「いま、天皇はお隠れになり」の「天皇」は、聖武天皇を指すことになろう。

とすれば、鎌足によって討たれることになる入鹿のモデルとなったのは、天平宝字元年（七五七）七月に仲麻呂政権の打倒を企て、それが失敗して処断された橘奈良麻呂《たちばなのならまろ》（仲麻呂

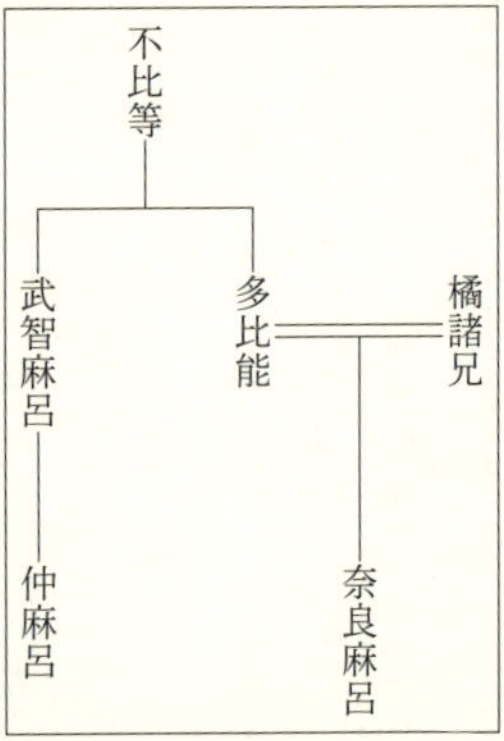

仲麻呂と奈良麻呂

の従兄弟《いとこ》にあたった）ということになる。入鹿の父蝦夷は、さしずめ奈良麻呂の父で聖武天皇の重臣だった橘諸兄《もろえ》というところであろうか。

また、入鹿の台詞、「このままでは必ずや内乱が起きるであろう」は、原文では「焉《なん》ぞ乱无《な》けむ」となっている。これは、奈良麻呂が武装蜂起に向けて仲間に語ったという「然も猶、皇嗣立つること無し。恐るらくは変有らむか」という言葉（『続日本紀』天平宝字元年七月庚戌条《こうじゅつ》）と酷似している。仲麻呂がこの部分を執筆するさいに、奈良麻呂や彼が起こした事件を意識していたことは間違いない。

さらにいえば、『鎌足伝』において入鹿に討たれた山背大兄は、天平宝字元年のクーデター未遂事件で奈良麻呂らの標的とされた大炊《おおい》皇太子（後の淳仁《じゅんにん》天皇）であり、山背大兄の父「上宮太子」は、淳仁天皇の父である舎人《とねり》親王という対応関係になる。とすると、山背大兄討滅に加担したという「諸王子」「諸王」とは、奈良麻呂に擁せられて謀議に加わったとされる諸王（塩焼《しおやき》王、道祖《ふなど》王、安宿《あすかべ》王、黄文《きぶみ》王）の存在がモデルとなっているのであろう。

結局のところ、山背大兄の襲撃計画に「諸王子」「諸王」が加担していたというのは事実ではありえず、仲麻呂による作り話にすぎないということになる。これらの記述が正しく史実を伝えているとして、入鹿には共犯者がいたと考える必要はまったくないのである。

以上のように、『鎌足伝』のみに見える山背大兄滅亡に関する詳細な記述は、すべて仲麻呂による創作とみなすべきである。仲麻呂はこのように、彼の同時代に起きた事件やそこでの人間関係をもとに、話をでっちあげる傾向があったことがわかる。これらが、『日本書紀』が参考にしながら採録しなかった原史料Xの断片、あるいは、『日本書紀』が参照できなかった原史料Yにもとづくとは到底考えられないといえよう。

入鹿と鎌足は学友だった?

以上のとおりに考えてよければ、つぎの有名なエピソードも、仲麻呂の同様の手法による創作といわざるをえない。

当時、重臣や高官の子弟は、ことごとくが僧旻《そうみん》法師の学堂に参集し、『周易《しゅうえき》』の講義を受けていた。ある日、鎌足が遅れて学堂に入ると、鞍作《くらつくり》(入鹿)は立ち上がり、対等の礼をもって迎え、並んで着席した。講義が終わり、みなが散会しようとした時、僧旻は鎌足にのこるようにと目配せをした。そして、鎌足に向かって、「吾の学堂に出入りする者のなかで宗我太郎（入鹿）の学識におよぶ者はおらぬ。ただ、あなたの学識や人相は尋常でなく、この御方に優ると申してよい。だから、どうか慎重を期して将来にそなえられよ」と告げたのである。

これによれば、後に「国博士《くにのはかせ》」に抜擢された僧旻の「学堂」において、鎌足と入鹿が机を並べて学んだ「学友」の間柄であったという。他方、『日本書紀』には、天智天皇と鎌足がそろって「南淵《みなぶちの》 先生《せんじょう》」こと南淵請安《しょうあん》の塾に通っていたという話はあるが、鎌足が僧旻の「学堂」に通っていたという話は一切見えない。

『鎌足伝』のこのエピソードについても、多くの研究者は概して肯定的であり、たしかな事実を伝えているとしている。だが、先に見たように、『鎌足伝』のなかでは鎌足＝仲麻呂、入鹿＝奈良麻呂なのであり、最終的に「討つ者」と「討たれる者」となった両者が、その青年期において「学友」というべき関係にあったことが確認できれば、仲麻呂は若き日の奈良麻呂との学問を介した交流を念頭において、このくだりを書いたことになるであろう。

仲麻呂と奈良麻呂という従兄弟どうしが机を並べて勉学に勤《いそ》しんだという痕跡はない。二人は従兄弟どうしとはいいながら、年齢は十五歳ほども離れていた。

若き日の仲麻呂は阿倍少麻呂《あへのすくなまろ》に師事して算道を究めようとしていたことが知られている。彼の青春時代は、数学者をめざしての研鑽《けんさん》の日々だったのである。他方、奈良麻呂も「橘奈良麻呂家書四百八十余巻」（『続日本後紀』承和元年十月辛巳《しんし》条）という蔵書のある学究の徒であった。彼も仲麻呂と同様に、学問に打ち込んだ青春時代を過ごしたはずである。

とすれば、たとえ二人が同じ「学堂」でともに学んだ経験はなかったとしても、同じ学者肌の従兄弟ということで互いに相手を意識していたことは十分に考えられよう。やはり、僧旻の「学堂」における話も、仲麻呂が同時代の事件や人間関係をモデルに創作した挿話の一つとみなすのが妥当ではないだろうか。

深刻な状況を伝えるエピソード

さらにいえば、つぎの有名なエピソードも仲麻呂によって創作された疑いが濃厚である。『鎌足伝』は、天智天皇摂政六年（六六七）三月に都が飛鳥から近江に遷され、翌七年正月にその新都で天智天皇が正式に即位したことを述べた後に以下のように記す。

朝廷に異変や災害はなく、穏やかで安定しており、人びとは日々遊覧を楽しんだ。飢えて顔色の悪い民はなく、みな余分の蓄財を成すことができた。民は口々に太平の世を言祝《ことほ》いだものである。

英主をいただいて、世はまさに泰平を謳歌《おうか》したというわけであるが、その直後に「朝廷に異変や災害はなく、穏やかで安定しており」とはおよそ反する深刻な状況を伝えるエピソードが紹介されている。それはつぎのとおり。

帝は重臣たちを召して、浜の高殿にて宴をもよおされた。酒が十分にいきわたり、宴は大いに盛り上がった。その時、大皇弟《おおすめいろど》（大海人皇子《おおあまのみこ》）は長槍をもち出し、それを板敷きに突き刺した。帝は驚かれ、大いにお怒りになり、殺害するようお命じになった。大臣（鎌足）がお諫《いさ》め申し上げたので、帝は大皇弟を殺害することをお取り止めになった。大皇弟は、以前より大臣の処遇が高すぎることを不快に思われていたが、この一件があった後は、彼との親交を尊重するようになられた。後に壬申の乱にあたって、芳野《よしの》（吉野）より東国に向かう途中、嘆息して「ああ、大臣が生きておれば、かかる難儀に遭わずにすんだであろうに」と仰せになった。多くの人が同様の感懐を抱いたものである。

華やかな湖畔の楼閣での酒宴の席上、こともあろうに天智天皇の弟、大海人皇子（後の天武天皇）が、酔余のすえに「長槍をもち出し、それを板敷きに突き刺した」という狼藉《ろうぜき》を働いたと伝えている。天智天皇は弟の暴挙に激昂したが、鎌足がこれをとりなし、事なきを得たというのである。これは、天智天皇没後に起きた壬申の乱を予感させる記事といえよう。大海人皇子は内乱のさなか、「ああ、大臣が生きておれば」と嘆息したと描かれている。

『鎌足伝』が、「朝廷に異変や災害はなく、穏やかで安定しており」という記述と明らかに食い違うこのようなエピソードを、わざわざ記したのはいったいどうしてだろうか。そもそも、このような事件がほんとうにあったのだろうか。天智天皇没後に壬申の乱が起こったくらいだから、このような騒動があったとしてもおかしくはないとして、多くの研究者はこれを事実とみなしている。だが、古代の史料において、天智天皇と天武天皇の不和をはっきりと伝えているのは、じつに意外なことに、これ一件のみなのである。

前章で見たように、『日本書紀』における壬申の乱観は、天智王朝に衰亡をもたらした「奸臣」「君側の奸」を、天智天皇没後に天武天皇がみごとに掃討し、天智王朝の正義と秩序を回復したというものであった。だが、『鎌足伝』のエピソードは、そのような壬申の乱認識とはおよそ異なる関心によって書かれている。

『日本書紀』は、天智天皇と天武天皇との間には対立や確執などは一切なかった（悪いのはすべて「奸臣」たち！）としていた。それに対し『鎌足伝』は、兄弟間には根深い確執があったのであり（だからこそ壬申の乱が起きた）、それを調停することができたのは鎌足だけであったと描いているのである。

要するに、これは、天皇家との関わりにおける鎌足の圧倒的な存在感、換言するならば、鎌足の政治的地位を正統に受け継ぐ仲麻呂の絶対的な優位を誇示することにねらいがある話ということになろう。そのなかで仲麻呂は、自身が天智天皇やその子孫のみならず天武天皇とその系統との間にも、他の介入や追随を許さない、絶対的な信頼関係を築いていたことをアピールしようとしているのである。

それは、具体的にどのような事実関係をふまえているのであろうか。考えられるのは、仲麻呂が天武天皇の皇子である舎人親王の息子、淳仁天皇を擁立して権勢を確立したことである。淳仁天皇は即位前に、仲麻呂の早逝した長男真従《まより》の妻であった粟田諸姉《あわたのもろあね》を妻としており、その縁で平城京左京四条二坊にあった仲麻呂邸（田村第）に暮らしていた。彼が皇太子を経て、晴れて天皇になることができたのは、ひとえに仲麻呂のお蔭であり、それゆえ彼は仲麻呂を「尚舅《しょうきゅう》」（尊敬してやまぬ義父）とよんで慕い、絶大な信頼を寄せていた。淳仁天皇が仲麻呂にあたえた新しい姓名「恵美押勝」は、そのような絶対的な信任をまさに象徴するものであった。

天武天皇が、「ああ、大臣が生きておれば、かかる難儀に遭わずにすんだであろうに」と述懐したという『鎌足伝』のエピソードは、淳仁天皇が仲麻呂に寄せる絶大な信頼が、じつは、それぞれの祖父天武天皇と曾祖父鎌足との関係にまでさかのぼることを確認し、それによって、現在の淳仁と仲麻呂との関係が歴史によって保証された絶対的なものであることを誇示しようとしたのであろう。両者の関係性は偶然の所産などではありえない、歴史の必然だったのだとする主張である。したがって、このエピソードも仲麻呂でなければ創作しえないものということができよう。

以上、乙巳の変とその前後をめぐって『日本書紀』に見えない『鎌足伝』独自の記載は、基本的に仲麻呂による創作と考えるのが妥当である。仲麻呂が、維摩会《ゆいまえ》再興を願い出た時にもち出してきた「古記」とは、それが実在したとするならば、『鎌足伝』の原史料Y＝原『鎌足伝』とは異なり、おそらく乙巳の変に言及するところは少なく、主として興福寺維摩会の起源について詳細に記したものであったにちがいない。

2 『鎌足伝』が描く七世紀史

なぜか「大化改新」には触れず

すでに前章で見たように、『日本書紀』は大化二年（六四六）正月甲子《かつし》朔《さく》条に「改新之詔」を載せるなど、七世紀半ばの孝徳天皇の時代に、後の律令国家につながる大改革、すなわち「大化改新」が行われたことを記している。だが、その改革に若き天智天皇やその腹心鎌足が主体的な役割を果たしたとは描かれていなかった。天智天皇が叔父である孝徳天皇の諮問に応えたという「皇太子奏」も、内容的に律令や律令国家に直結するものではありえない。

この点、『鎌足伝』はどのように描いているであろうか。孝徳天皇の治世の出来事として、『鎌足伝』はつぎのように記す。

孝徳天皇は大臣に、「国家が安泰を保つことができたのは、ひとえに卿の尽力によるものである。このたび中央集権を維持する制度が整えられたのは、蝦夷・入鹿の討滅が成功したからこそである。卿に大錦冠を授け内臣《うちつおみ》に任命し、二千戸の食封《じきふ》を賜うこととしたす。国家の軍事政策はすべて公の裁量に委ねよう」と仰せになられた。大臣は、草木の繁った辺境に住む身分卑しき者であっても、逸材であればすすんで登用し、有能の士はその才にふさわしい官職を得たので、その結果、野に逸材は遺らなかった。国務遂行になくてはならぬ九人の大臣が威儀を正し、仁義礼智信の精神がおのずとそなわった。

蘇我蝦夷・入鹿という権力者を葬り去った直後だけに、政治の刷新がはかられたことは記されている。だが、意外なことに、「改新之詔」に象徴されるような、律令国家の建設をめざした改革、いわゆる「大化改新」は影も形も見られない。

その後、斉明七年(六六一)七月、皇極天皇改め斉明天皇が没した後、天智天皇は正式に即位することなく、王権の執行に関わるようになったと描かれる。『日本書紀』はこれを「称制」ととらえていたが、その点は『鎌足伝』も同様である。ただ、つぎに見えるように、『鎌足伝』には「称制」を「摂政」と表現した箇所もある。

十四年に皇太子は摂政となられた。鎌足とは若き日より艱難《かんなん》をともにし、その親交の深さは余人を寄せつけなかった。皇太子と鎌足との関係は、義においては君臣であるが、礼においては互いに相手を師として尊敬し合う間柄であった。外出する時はいつも一つの車に相乗りし、屋内では敷物を接し膝をつき合わせて座るような親密さであった。二人による政治は寛大で緩やかであり、民を恵み慈しむことを何よりも心掛けた。ついには、徳を世界中におよぼし、海外の諸国をその威徳によっておのずとしたがわせた。そのため、高句麗《こうくり》・百済《くだら》・新羅《しらぎ》の三国は皇太子にすすんで服属し、国中の民が平和を謳歌したものである。

文中の「十四年」とは白雉《はくち》十四年のことであり、六六三年にあたる。白雉年号は、実際には五年（六五四）までしか用いられなかったが、なぜか『鎌足伝』は、これがその後もひきつづき使用されたとしている。

さて、天智二年（六六三）八月に、わが国は唐・新羅連合軍と白村江で戦い、惨敗を喫したが、『鎌足伝』はこの敗戦にまったく触れようとしない。触れないどころか、「海外の諸国をその威徳によっておのずとしたがわせた」、「高句麗・百済・新羅の三国は皇太子にすすんで服属し」などとしている。そのような戦争はなかったというのが、八世紀半ばすぎに成った『鎌足伝』の描く七世紀史なのである。

『鎌足伝』は「改新否定論」のパイオニア

また、『鎌足伝』には、古人大兄皇子《ふるひとのおおえのみこ》や蘇我倉山田石川麻呂《そがのくらのやまだのいしかわのまろ》、有間皇子《ありまのみこ》らの「謀反」事件に関する記述が一切見られない。

一般に天智天皇を冷酷非情な策謀家とするイメージを提供してきたこれらの記述は、すでに述べたように、むしろ天智天皇が武力によって「王政復古」を果断に成し遂げた、稀代の英雄的人物であったことを強調するねらいがあって書かれたものであった。『鎌足伝』にそのような記述がまったくないということは、『鎌足伝』が描き出す天智天皇像が、『日本書紀』のそれとはおよそ異なるものであったことを示している。

『日本書紀』とは大きく異なる『鎌足伝』の天智天皇像、それは、律令国家の建設に巨大な足跡を遺した英主というべきものであった。つぎに掲げるように『鎌足伝』は、律令国家の建設につながる改革が行われたのは、天智天皇の時代になってからであったと描いている。

これ以前に、帝は鎌足に礼儀を撰述させ、律令を刊定させた。天と人との間をとりもつという中臣の職掌に准じて、朝廷の訓令を作った。鎌足と時の賢人は、旧い法文を増減し、およその条例をまとめあげた。それは敬愛の精神を重んじ、人びとが不正に陥らぬように配慮したもので、理において裁判を厳しくせず、人の命を奪うよりも生かすことを心掛けた。周王朝の三大法典や前漢王朝の九章律《きゅうしょうりつ》と比しても、さらに加えるべきものはないほど完璧な法典であった。

天智天皇が鎌足に命じて作らせたのは、あくまで「律令」であったとされている。後述するように、平安時代初頭になると、天智天皇は律令のうち令を編纂したとされ、それが「近江令《おうみりょう》」の名でよばれることになる。だが、奈良時代後半の天平宝字四年（七六〇）に書かれた『鎌足伝』においては、天智天皇が編纂させたのが律と令の両方であったとされていることに留意しておきたい。

さらに、天智天皇の命を受けた鎌足は、「礼儀」や「朝廷の訓」など、あらゆる種類の法典の編纂を行ったとされている。『鎌足伝』は、何が何でも、法と名のつくもの、とくに律令は、天智天皇の治世において鎌足が制定したということにしたいようである。

それはやはり、『鎌足伝』を執筆した仲麻呂が、天平宝字元年（七五七）五月に、かつて祖父不比等が中心となって編纂した養老律令《ようろうりつりょう》を大宝律令《たいほうりつりょう》に代わって施行し、それによって自身の権力強化に役立てようとしたことと関係があると見られる。仲麻呂にしてみれば、曾祖父鎌足がかつて編纂したのは、祖父不比等が編纂し、仲麻呂によって現行法とされた養老律令と同様に、律と令でなければならなかったのであろう。

ともあれ、『鎌足伝』が描く七世紀の歴史においては、『日本書紀』のように孝徳天皇の時代の「大化改新」は存在しない。律令国家建設の起点としての「大化改新」は、むしろ天智天皇の時代にあったというのが『鎌足伝』の歴史認識なのである。

その意味で、「大化改新」の研究史において、『日本書紀』が描く孝徳天皇による「大化改新」を否定し、それが実際にあったのは天智天皇やそれにつづく天武天皇・持統天皇の時代であったとする「改新否定（虚構）論」の嚆矢《こうし》の栄誉は、『鎌足伝』に冠せられるべきであろう。極論すれば、「改新否定論」は、『鎌足伝』の歴史認識をそのままトレースしたにすぎないということもできるのではあるまいか。

天智天皇像の転換点

前章で見たように、「王政復古」を成し遂げた武断の英主たる『日本書紀』の天智天皇像は、七世紀の末、持統天皇の時代に形成されたものであった。それは、森博達氏のいう

『日本書紀』α群の諸巻が編纂された段階である。

とすれば、それとは大きく異なる、律令国家の創始者という文治的な名君としての『鎌足伝』の天智天皇像は、それ以後に形成されたことになるであろう。このような新しい天智天皇像がはじめて明確に姿をあらわしたのは、慶雲四年（七〇七）七月のことであった。

この前月、天智天皇・天武天皇、そのいずれから見ても孫にあたる文武天皇が二十五歳の若さで世を去り、この月、ほかならぬ文武天皇の遺詔により、前後に例がないことであったが、その母阿閇皇女《あへのひめみこ》（天智天皇の娘。天武天皇の息子である草壁皇子の妻）が即位することになった。これが元明《げんめい》天皇である。

その即位にあたり発せられた宣命《せんみょう》に、新しい天智天皇像が登場する。それはつぎのとおり（『続日本紀』慶雲四年七月壬子《じんし》条）。

> 口に出すのも畏れ多い、藤原宮で天下を統治された倭根子天皇《やまとねこのすめらみこと》（持統天皇）は、丁酉《ていゆう》年（六九七年）の八月、この天下を治める業を、日《ひ》並知皇太子《なめしのひつぎのみこ》（草壁皇子）の嫡子で、これまで天下を統治されてきた天皇（文武天皇）にお授けになり、二人並んでこの天下をお治めになり、整えてこられた。これは、口に出すのも畏れ多い、近江大津宮で天下を統治された大倭根子天皇《おおやまとねこのすめらみこと》（天智天皇）が、天や地とともに長く、日や月とともに遠

くまで、改めることがあってはならぬ掟として、制定され施行された法をお受け継ぎになり、それにしたがって行われたことであると、皆々承知し、畏れ謹んでお仕え申し上げてきたことであると仰せになるお言葉、よくよく承るべし。

文中の天智天皇によって制定されたという「天や地とともに長く、日や月とともに遠くまで、改めることがあってはならぬ掟として、制定され施行された法」とは、その意を約して「不改常典《ふかいじょうてん》」とよばれている。もちろん、これは、律令のような成文法を意味するものではない。その実体も不明である。

だが、ここにおいて天智天皇は、持統天皇から文武天皇への皇位継承を律するような重要な法を制定・施行した偉大な天皇であったことが強調されている。法の制定者、あるいは法や制度の根源というべき新しい天智天皇像の誕生をここにみとめることができよう。

このような天智天皇像の起点となったのは、文武三年（六九九）十月のつぎの出来事であったと思われる（『続日本紀』文武三年十月甲午《こうご》条）。

詔して、「天下に大赦を行う。但し、十悪や強盗・窃盗は大赦の例外とする」と仰せになった。これは、越智山陵《おちのみささぎ》と山科《やましな》山陵を新たに造営するためである。

「越智山陵」とは斉明天皇陵、「山科山陵」とは天智天皇陵のことである。斉明天皇は斉明七年（六六一）七月、天智天皇は天智十年（六七一）十二月に亡くなっており、それぞれその直後に山陵が造営されていたのであるが（ただ、天智天皇陵は壬申の乱の勃発により未完成だったらしい）、このたびそろって新たに造営されることになったのである。具体的な造営の模様は、『続日本紀』文武三年十月辛丑《しんちゅう》条につぎのように記されている。

浄広肆《じょうこうし》の衣縫王《きぬぬいのおおきみ》、直大壱《じきだいいち》の当麻真人国見《たぎまのまひとくにみ》、直広参《じきこうさん》の土師宿禰根麻呂《はじのすくねねまろ》、直大肆の田中朝臣法麻呂《のりまろ》、判官《じょう》四人、主典《さかん》二人、大工《おおたくみ》二人を越智山陵に、浄広肆の大石《おおいし》王、直大弐の粟田《あわた》朝臣真人《まひと》、直広参の土師宿禰馬手《うまて》、直広肆の小治田《おはりだ》朝臣当麻《たいま》、判官四人、主典二人、大工二人を山科山陵に遣わし、それぞれ作業を分担して山陵の造営を行わせた。

藤堂かほる氏によれば、これは斉明天皇陵や天智天皇陵の改修作業ではなく、それらをまったく新たに造営する事業であったという。そして、この新しい天智天皇陵は、当時の文武天皇の皇居、藤原宮の中枢である大極殿《だいごくでん》の中軸線（すなわち、いわゆる藤原京の朱雀大路《すざくおおじ》にあたる）をはるか北に向けて延長したその線上に築かれたのである（「天智陵の営造と律令国家の先帝意識」『日本歴史』第六〇二号、一九九八年）。

その場所は、北方にあって天皇の居所を守護する位置であり、天上の世界でいえば、まさに北極星に相当することになる。中国では、北極星は宇宙を支配する天帝の居所とされていた。天智天皇陵がこのような特別な場所をえらんで新たに造営されたことは、彼が、天上にあって地上世界の支配者たる皇帝（天子）を任命する天帝にきわめて近い存在と認識されたことを意味する。

それは、『日本書紀』に見られたように、天智天皇が「王朝の始祖」とされたことから、そのような場所が選定されたと考えられよう。「天命開別」天皇の永遠の宮殿は、それにふさわしい地をえらんで新たに造営されたのである。

このような場所決定の基点となったのが、藤原宮の大極殿だったのである。それは、天皇が天帝の指令を受け、律令にもとづいて政治を行う拠点となる建物であった。そのような建物が新たな天智天皇陵の位置決定の基点となったことが、天智天皇像に律令や律令制との関わりという新たな評価が加えられるきっかけになったと見られる。文武天皇の治世において、天智天皇像の転換があったということができるであろう。

なお、天智天皇陵とともに斉明天皇陵も新たに造営されていることは見逃せない。それは、詳しくは後述するように、天智天皇陵を新造させた者にとって、天智天皇だけでなく斉明天皇との繋がりもひじょうに大切なものであったことを物語っている。

新しい天智天皇像の形成

その後、養老三年（七一九）十月、文武天皇の遺児で当時十九歳であった首皇太子《おびと》（後の聖武天皇）の輔翼を舎人親王と新田部親王《にいたべ》（いずれも天武天皇の皇子）に命じたおり、法典制定の歴史が以下のように回顧されたことがあった（『続日本紀』養老三年十月辛丑条《しんちゅう》）。時の天皇は、首皇太子の伯母、元正天皇《げんしょう》（元明天皇の皇女、文武天皇の姉）である。

創世以来、法令があることは久しい。まずは君臣の地位を定めて、世は推移してきた。中古におよぶまで、そのような法にもとづいて政治は行われてきたが、まだ整った法文にあらわすにはいたらなかった。時代は下って近江の御世（近江大津宮を拠点にした天智天皇の治世）におよび、人民に対し緩やかにすることも厳しくすることも、ことごとく法典として整えられたのである。

このように、天智天皇の時代にはじめて、成文法とよぶに値するものが制定・施行されたとする認識があらわれた。これは、慶雲四年に登場した「不改常典」の延長線上に位置するものであり、それほど古くまでさかのぼる認識ではありえない。ただ、「不改常典」は皇位継承に関わる重大な法とはいいながら、成文法ではなかったようだが、ここで天智天皇の時代に制定・施行されたのは間違いなく成文法だったとされている。

そして、天平宝字元年（七五七）閏八月、前掲したように藤原仲麻呂が孝謙天皇に維摩《ゆいま》会《え》復興を請願した時、「国家の制度を考え直され、はじめて法律の条文を制定」した稀代の名君としての天智天皇像が登場する。ここにおいて天智天皇は、法典のみならず国家制度の創始者・制定者として語られている。新しい天智天皇像が定着し、それがなお進化していくようすがうかがい知れるであろう。

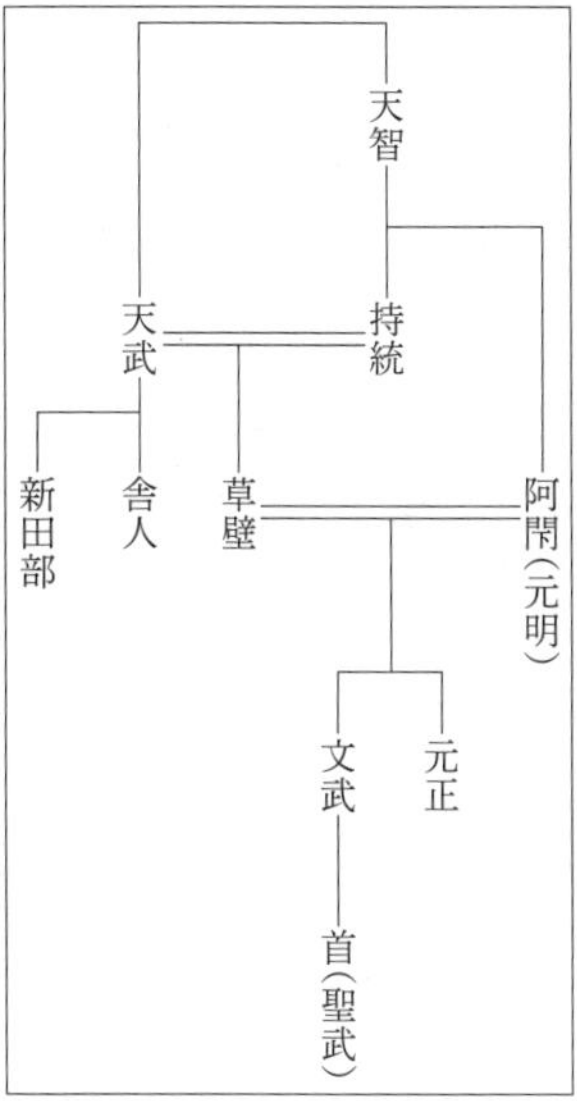

聖武天皇の周辺

『鎌足伝』が藤原仲麻呂によって書かれたのは、それから三年後のことであった。『鎌足伝』は、文武三年以降に形成された新しい天智天皇像をふまえてはじめて書き下ろされた一書であったといえるであろう。
さらに、平安時代に入って弘仁十一年（八二〇）四月に撰上された『弘仁格式《こうにんきゃくしき》』序には、天智天皇が制定・施行したという成文法がじつに具体的に描かれることになる。そこにはつぎのように記されていた。

時は下り天智天皇元年にいたって、令廿二巻が制定された。これが世にいう近江朝廷の令である。

当初、天智天皇が制定したとされたのは、かならずしも成文法とはいえない「不改常典」であった。だが、その後も進化・成長をつづけ、一時は天智天皇によって制定されたのは「律令」といわれた。そして、ついに天智天皇は「令廿二巻」という正真正銘の成文法（いわゆる近江令）の制定者にまでなったのである。『日本書紀』の天智天皇像とは明らかに異なる、法や制度の創始者・制定者としての天智天皇像はここに完成を見たといってよいであろう。
天長十年（八三三）に奏上された『令義解《りょうのぎげ》』戸令・戸籍条には、

雄朝津間稚子宿禰尊《おあさづまわくごのすくねのみこと》（允恭《いんぎょう》天皇）の御世、諸氏は姓をめぐって争い、混乱が鎮まらなかった。そこで、盛んに湯を沸かし、そのなかに手を入れて探らせた。嘘をついている者は火傷し、真実を述べている者は無事であった。これによって姓を定めて戸籍を造った。これを庚午年籍《こうごねんじゃく》というのである。

とあり、天智九年（六七〇）に天智天皇が実際に造らせた庚午年籍が、実在したとすれば五世紀半ばころの允恭天皇の時代に、盟神探湯《くかたち》とよばれる神判によって確定されたという諸氏の氏姓を登録したものとされている（ほんとうはちがうのであるが）。

ここに天智天皇の名前は見えない。だが、その治世において、戸籍の作成によって律令にもとづく民衆支配の根幹となる「氏姓制度」や「戸籍制度」が確立されたという認識が示されている。これも、天智天皇を律令や律令制の創始者・制定者とする歴史認識と一連のものということができよう。

誰が新しい天智天皇像を欲したか？

『日本書紀』の武断的な天智天皇像とは大きく異なる、『鎌足伝』に見られた法や制度のパイオニアとしての天智天皇像。それは、見ようによっては、まったく別の人物といってよいほどの相違があった。

それにもかかわらず、これまでは天智天皇といえば、この二つの人物像の違いと隔たりを深く考慮することなく、それらを安易に接合して考えられてきた。その結果、七世紀には決して実在しなかった天智天皇の「独り歩き」を許してしまったのである。

明らかに『日本書紀』の天智天皇像が先にあって、その後、『鎌足伝』に見られるような天智天皇像が作られたことは間違いない。前章では、『日本書紀』の天智天皇像の誕生に、その皇女であった持統天皇が深く関係しているのではないかと考えた。

では、『鎌足伝』に見られた天智天皇像の形成のきっかけを作ったのは、いったい誰なのであろうか。換言すれば、新しい天智天皇像を必要としたのは誰だったのかということである。

この設問に関しても、私たちは持統天皇の存在に着目せざるをえない。

新しい天智天皇像が形成される起点になったのは、先に見たように文武三年十月、天智天皇陵の新造であった。これを命じた人物こそ、天智天皇像に律令の制定者、あるいは律令制にもとづく国家体制の創始者という新たな評価を加えた人物ということになろう。

時の天皇は文武天皇。当時、まだ十七歳の若き天皇であった。

彼は即位してまだ三年目で、前天皇であり祖母にあたる持統太上天皇（当年、五十五歳と推定される）による後見と輔佐を受けていた。したがって、新しい天智天皇陵の造営を企画し、それを命じたのは、文武天皇の政治を事実上リードしていた持統太上天皇その人であった可能性が高い。とすれば、ほかならぬ彼女が、天智天皇に法や制度の創始者・制定者としての評価を新たに付与したことになるであろう。

そうだとすれば、持統天皇は、先に見た『日本書紀』の天智天皇像だけでなく、それとはおよそ異なる、『鎌足伝』に見られるような天智天皇像の創出にも関与していたことになる。どうして彼女は、亡父に関して二つの異なる人物像を必要としたのであろうか。

その謎を解くカギ、それは持統天皇自身の生涯に隠されている。

第三章　持統天皇の生涯

1　誕生――「帝王の女なりと雖も」

生まれながらの天皇ではない

持統天皇の生涯を見るにあたっては、まず、『日本書紀』持統天皇称制前紀を読まねばなるまい。

高天原広野姫天皇《たかまのはらひろのひめのすめらみこと》（持統天皇）は、幼名を鸕野讃良皇女《うののさららのひめみこ》と申し上げる。天命開別《あめみことひらかすわけの》天皇《すめらみこと》（天智天皇）の第二皇女であらせられ、御母を遠智娘《おちのいらつめ》と申し上げる（またの御名は美濃津子娘《みのつこのいらつめ》）。天皇は冷静沈着なご性格で、また広い度量をおもちであった。……帝王の娘でありながら、礼を好み、節度があり、母としてのすぐれた人徳をおそなえであられた。

持統天皇は、天智天皇の次女としてこの世に生まれた。長女は後に大津皇子《おおつのみこ》を生むことになる大田皇女《おおたのひめみこ》である。

持統天皇にとって、舒明天皇は父方の祖父であり、皇極・斉明天皇は同じく祖母であった。また、夫となる天武天皇は父の弟、すなわち叔父にあたった。このように父方の祖父母、父、そして、叔父であり夫でもある人物という、彼女の近親者四人までが天皇になっている。これだけを見れば、彼女が後年即位することになったのはあたかも当然のことのように思われる。

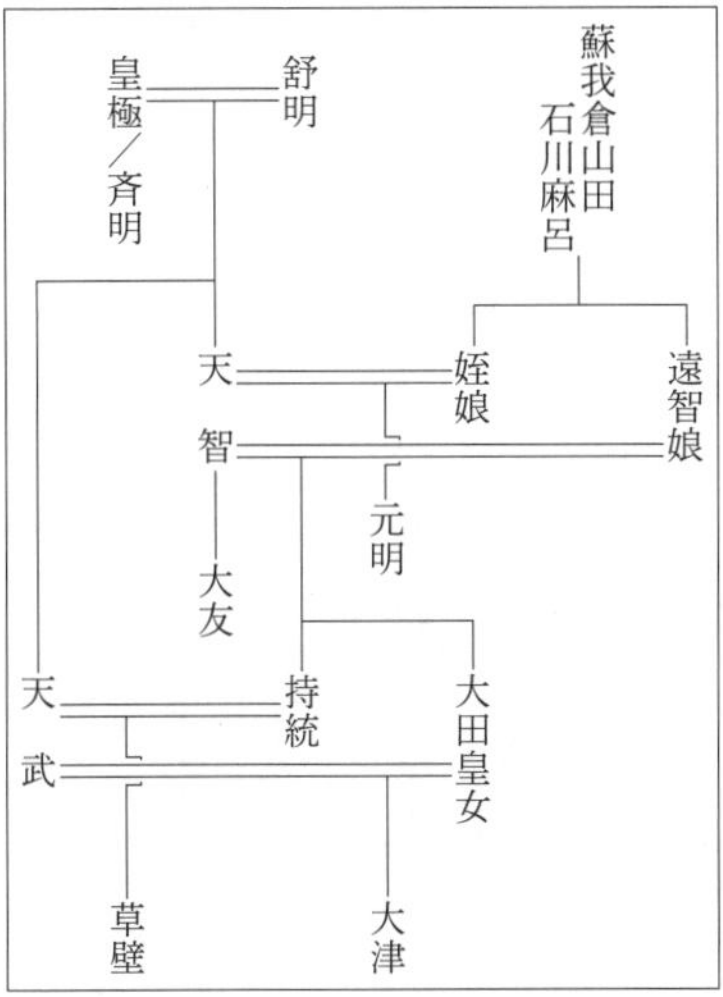

持統天皇の周辺

しかし、後述するように、持統天皇が史上三人目の女帝になったのは、彼女が生まれた時から決められていたことではなかった。天武天皇の皇后であり、その没後即位した偉大なる女帝という彼女の後年の姿から、換言すれば歴史の結果から、その誕生や幼少女期を推し測ってはならないのである。

蘇我氏の血を受け継いで

持統天皇を生んだのは遠智娘であり、蘇我氏の出身である。彼女は、蘇我倉山田石川麻呂《そがのくらのやまだのいしかわのまろ》の娘であった。同じく麻呂の娘の姪娘《めいのいらつめ》も天智天皇と結婚しており、その間に生まれた阿閇皇女《あへのひめみこ》は、後年即位して元明天皇になる。持統天皇の周りにはほんとうに天皇になった者が多い。

さて、蘇我氏は六世紀前半に稲目《いなめ》という人物が大臣《おおまえつきみ》位に就任以後、この職位を世襲してきた一大門閥である。大臣位は、天皇のもとに結集した有力な豪族の代表である大夫《まえつきみ》（群臣）たちを統括して天皇の政治を輔佐するポストであった。五世紀に天皇と比肩する勢力を誇った葛城《かづらき》氏の血脈を相承すると称した蘇我氏の族長稲目が、その初代に任じられたのである。

この葛城氏は、かつて天皇との間に姻戚関係も結んでいたので、大臣たる稲目は娘を二人も欽明《きんめい》天皇の後宮に入れることがみとめられた。むしろ、欽明天皇側が王権の権威を強化するために、葛城氏の血統を受け継ぐ蘇我氏の娘を欲したというのが実情であったと見られる。稲目の外孫から用明天皇、崇峻《すしゅん》天皇、そして推古《すいこ》天皇（女帝）という三代の天皇が相次いで立ったことから、天皇家の外戚として蘇我氏は不動の地位を確立するにいたる。

その後、蘇我氏の族長位は稲目→馬子→蝦夷→入鹿と継承されていったが、皇極四年（六四五）六月に当時大臣位にあった入鹿が飛鳥板蓋宮《あすかいたぶきのみや》で政変（乙巳《いっし》の変）に倒れ、翌日にその父蝦夷も討たれた。蝦夷・入鹿を倒した勢力には彼らの同族である蘇我倉山田石川麻呂も加担していた。麻呂は、蝦夷には甥、入鹿には従兄弟にあたった。いうまでもなく彼が持統天皇の外祖父である。

この政変によって蘇我氏の本流たる蝦夷・入鹿が滅んだのを機に、麻呂には蘇我氏族長の座がめぐってきた。ただ、この政変以前、大臣位は蘇我氏の独占するところであったが、これ以後、大臣位は左大臣・右大臣に二分され、蘇我氏の新族長たる麻呂が政変によって手にしたのは、左大臣よりも下位の右大臣のポストにすぎなかった。これは、蘇我氏にとって大きな後退といわざるをえない。しかも、その後の麻呂の地位は決して安泰なものではなかった。大化五年（六四九）三月、左大臣であった阿倍内麻呂《あへのうちのまろ》の病没を機に、麻呂は異母弟の日向《ひむか》に謀反を告発され、あえなく自害に追い込まれるのである。

たしかに持統天皇は、当時の天皇家から特別視されていた蘇我氏の血を受け継いでこの世に誕生した。しかし、乙巳の変をさかいに蘇我氏の勢力が大きく退歩したこともあって、蘇我氏の血を引くことが彼女の優位を決定づけることにはならなかったといわねばならない。

生まれ年はわからない

事典などを見ると、持統天皇は大化元年（六四五）の誕生と書かれていることが多い。たとえば、米田雄介編『歴代天皇・年号事典』（吉川弘文館、二〇〇三年）の持統天皇の項（直木孝次郎氏執筆）には、「大化元年（六四五）誕生」と記されている。

先に見たように、『日本書紀』に持統天皇の誕生年が記されているわけではない。だが、それは決して異例のことではないのである。

持統天皇の生年を大化元年と伝えるのは、『本朝《ほんちょう》皇胤紹運録《こういんじょううんろく》』などである。『本朝皇胤紹運録』には、「孝徳元年誕」「大宝二、十二、十二崩。五十八」と見える。『本朝皇胤紹運録』は洞院満季《とういんみつすえ》の撰に成る天皇系図であり、応永《おうえい》三十三年（一四二六）頃の成立といわれる。だが、残念ながら、その記述は全面的に信用できるものではない。それにもかかわらず、持統天皇が大化元年の生まれと信じられてきたのは、蘇我氏本家の滅亡前のようすを記した『日本書紀』の記述があったからである。

『日本書紀』によれば、皇極三年（六四四）の正月以降、天智天皇は腹心中臣鎌足の言を容れ、蘇我倉山田石川麻呂の娘、すなわち持統天皇の母である遠智娘を娶ることになったとされている。ただ、それはすんなりと事がはこんだわけではなく、当初は遠智娘の姉が天智天皇と結婚する予定であったが、彼女は結婚前夜、一族の身狭臣《むさのおみ》に拉致されてしまったと描かれている。

このようなアクシデントがあったとはいえ、天智天皇と遠智娘の結婚が皇極三年正月以降とされているので、その年のうちに長女の大田皇女が生まれ、ついで翌年に持統天皇が誕生したということであろうと了解されてきたのである。とすれば、大田皇女と持統天皇の姉妹は年子であったことになる。

しかし、蘇我氏本家の滅亡、すなわち乙巳の変前夜の『日本書紀』の叙述には問題が多い。天智天皇と遠智娘との結婚は、たしかに皇極三年以降とされている。だが、『日本書紀』は、中臣鎌足が皇極三年正月を起点にして蘇我氏本家を倒すための行動を開始したと描き、それ以後の出来事をそこに一括しているのである。『日本書紀』の文脈によるならば、天智天皇と遠智娘との結婚は、皇極三年正月以降、同四年六月の政変勃発までの間の出来事ということになる。

したがって、天智天皇と遠智娘の間に生まれた娘、それも二人の娘の誕生が皇極四年六月までにおさまるとは限らないのである。『日本書紀』は、持統天皇が大化元年に生まれたとする説を傍証するものではない。

ここで、『本朝皇胤紹運録』という中世に書かれた書物が、どうして持統天皇の誕生年を知りえたかを考えてみる必要があろう。もちろん、その編者が、現在では散逸してしまった書物からそのような情報を知りえた可能性もある。だが、それは確認のしようがなく、編者が『日本書紀』の記述からじつに単純な計算によって導き出したものであったとも考えられよう。

すなわち、養老戸令《こりょう》、聴婚嫁《ちょうこんか》条によれば、当時の女子の結婚がみとめられる年齢は十三歳であった。『日本書紀』（持統天皇称制前紀）には、持統天皇が斉明天皇三年（六五七）に天武天皇と結婚したと記されている。この時に彼女が十三歳だったとすれば、逆算してその誕生はちょうど大化元年ということになる。

とすれば、持統天皇が一子、草壁皇子を生んだのは彼女が十八歳の時ということになり、不自然ではないということで、大化元年誕生説は生まれ、そして定着することになったのではないだろうか。

二つの名前をもつ持統天皇

『日本書紀』は持統天皇の名前について、高天原広野姫と鸕野讃良皇女の二つを伝えている。高天原広野姫とは、持統天皇の諡号《しごう》である大倭根子天之広野日女尊《おおやまとねこあめのひろのひめのみこと》に酷似している。いずれも高天原に君臨した日神、天皇家の始祖神とされる天照大神《あまてらすおおみかみ》を意味する名前である。

高天原広野姫と大倭根子天之広野日女尊は、たしかによく似ている。だが、まったく同じではない。両者はやはり、名前としての種類がちがうものと考えるべきである。大倭根子天之広野日女尊が持統天皇の諡号であることは明らかであるから、高天原広野姫とは彼女の名前のうち諡号以外のものということになるであろう。

他方、持統天皇の幼名とされる鸕野讃良とはいったい何であろう。

鸕野・讃良ともに地名である。河内国に讃良（更荒）郡があり、そのなかに鸕鷀野邑《うのいむら》があった。かつて欽明天皇の時代に我が国に使いとして来た新羅人が、帰国せずにこの地にとどまったという伝えがある。

天武十二年（六八三）十月、娑羅羅馬飼造《さららのうまかいのみやつこ》・菟野馬飼造《うののうまかいのみやつこ》が連《むらじ》姓を授けられているが、娑羅羅馬飼氏は河内国讃良郡を、菟野馬飼氏は同国同郡の鸕鷀野邑を拠点とした豪族だったのであろう。佐良良連《さららのむらじ》や宇努連《うぬのむらじ》もそれぞれ讃良郡・鸕鷀野邑を本拠としたと見られる。いずれも朝鮮半島からの渡来系である。持統天皇がこのような地名やウジナを名乗りにしているのは、彼女が娑羅羅馬飼氏・菟野馬飼氏出身の乳母の手で育てられたことに由来すると考えられる。

『日本書紀』は、鸕野讃良を持統天皇の幼名、もうひとつの名前、高天原広野姫は彼女の成人後の実名とみなしているようである。だが、鸕野讚良は彼女の幼名などではなく、実際には成人後の実名と考えるべきであろう。

持統天皇の祖母、皇極・斉明天皇は宝皇女《たからのひめみこ》とよばれ、その娘で持統天皇には叔母にあたる女性は間人皇女《はしひとのひめみこ》といった。宝や間人は、鸕野讚良と同様に、いずれも彼女らの養育を担当した豪族のウジナに由来する名号であり、成人後の名前とみなすのが妥当である。

以上のように考えれば、高天原広野姫とは持統天皇の成人後の実名ではありえず、さりとて大倭根子天之広野日女尊という彼女の諡号とも異なるのであるから、のこるは彼女の生前の通称の一種であったということになろう。大倭根子天之広野日女尊という諡号は、これをもとにして作られたと見られる。

あるいは『日本書紀』は、持統天皇は即位をさかいにして鸕野讚良皇女から高天原広野姫に変わったとみなしていたのかもしれない。とすれば、やはり高天原広野姫は諡号そのものとされていなかったことになる。

同様のことは推古天皇の名前についてもいえる。

『日本書紀』は、推古天皇の名前として豊御食炊屋姫《とよみけかしきやひめ》と額田部皇女《ぬかたべのひめみこ》の二つを伝えており、額田部のほうをはっきりと幼名としている。したがって、一見したところ、諡号ではないかと思われる豊御食炊屋姫は『日本書紀』のなかでは彼女の成人後の名前ということになろう。

だが、持統天皇の例にならって考えるならば、額田部は推古天皇の成人後の実名であって、豊御食炊屋姫は諡号ではなく、生前の通称の類《たぐい》とみなすのが妥当と思われる。義江明子氏が、豊御食炊屋姫が推古天皇の仏教への貢献を讃えた名前だったのではないかとしているることが参考になろう（「推古天皇の讃之名〃トヨミケカシキヤヒメ〃を巡る一考察」『帝京史学』第十七号、二〇〇二年）。

ともあれ、持統天皇が生前から高天原広野姫とよばれていたことはたしかである。彼女がなぜ、地上の天照大神を意味する通称をもっていたのか。これについては後述することにしたい。

「母としての人徳」とは？

『日本書紀』は、持統天皇の人間性について、「帝王の娘でありながら、礼を好み、節度があり、母としてのすぐれた人徳をおそなえであられた」と記していた。『日本書紀』の即位前紀には、かならずこのような天皇の人物像を評した文章が載せられる。これらはどの程度、その天皇の人間性を正しく伝えているといえるのだろうか。

この箇所の原文は、「雖帝王女、而好礼節倹。有母儀徳」である。書き下し文は、「帝王の女なりと雖《いえど》も、礼を好みて節倹たり。母儀の徳有り」となる。これが、持統天皇の人柄について独自に伝えられた評言であるかといえば、残念ながらそうではなかった。

これには出典があって、それは、中国の後漢王朝の正史である『後漢書《ごかんじょ》』の巻第十、皇后紀上の一節である。そこでは、光武帝《こうぶてい》の皇后である郭《かく》皇后の母、郭主（景帝《けいてい》の七世孫である恭王《きょうおう》の娘）を評して、「郭主雖王家女、而好礼節倹、有母儀之徳」と記されている。この読み下しは、「郭主は王家の女なりと雖も、而《しか》れども礼を好んで節倹、母儀の徳有り」であり、『日本書紀』が持統天皇の人物像について書いた時、この『後漢書』の文章を引き写したことは明らかである。

文中「母儀の徳」とは、「母たる者の手本」といった意味である。このとおりであれば、持統天皇は、母親としての仁慈をそなえた人物だったことになる。この部分がたとえ『後漢書』皇后紀上に見える文章をもとに書かれたとしても、それは、『日本書紀』の編纂者が、持統天皇の生涯のなかにその評言に値する事績があると考えたためであり、それを強調するのに『後漢書』の文章を借用したと見るべきである。その事績がいったい何であったかについては、後述することにしたい。

ただ、この借用はたんなる表面的な借用にとどまらなかった。『日本書紀』が持統天皇の人間性について叙述するにあたり、光武帝の皇后の母に関する評言を用いたのは、我が国ではじめて本格的に編まれた歴史書が、『後漢書』のような中国の史書に依拠しながら歴史を綴ろうとしていたことを物語る。それは、中国の歴史を意識しながら、自国の歴史を紡ぎ出そうとすることにほかならない。

詳しくは後述するように、それが、『日本書紀』編纂の段階における歴史の叙述方法なのであった。

2 結婚と出産——「草壁皇子尊を大津宮に生《あ》れます」

皇位継承権がなかった皇女たち

持統天皇の幼少女期のことは、まったくといってよいほどわからない。

彼女は天智天皇の皇女として生まれ、後に実際に即位しているので、幼少女期からいわゆる帝王教育を受けて成長したかといえば、それだけはそうではなかったと断言できる。

なぜならば、彼女もふくめて当時の皇女たちには皇位継承権がみとめられていなかったからである。

これは、荒木敏夫氏が強調しているように、古代において皇女が皇位継承の争いに加わった例を見出すのは困難であり、さらに、国政に参与したことが顕著にうかがえる皇女の存在も見出すことはできない。皇太子（その制度的成立は持統三年〈六八九〉とされる）の前身というべき「ひつぎ（日嗣）のみこ」は存在したようだが、「ひつぎのひめみこ」とよぶべき存在は想定しがたい（『可能性としての女帝』青木書店、一九九九年）。

たとえ父親が天皇であろうとも、皇女たちは皇位継承の圏外におかれていたのである。また、皇女たちは皇位継承だけでなく内政や外交への関与もみとめられていなかったと見られる。その点、持統天皇も例外ではなかった。彼女の周囲に天皇になった者が大勢いたとしても、彼女のなかに天皇家の外戚の座を独占していた蘇我氏の血が流れていたとしても、彼女の将来に即位の二文字が想定されることはありえなかったのである。

ただ、一つだけ抜け道というべきコースがあった。

皇女が皇位継承や内政・外交に関与するためには、天皇のキサキ（天皇が大王とよばれていた時代には大后と表記された）になることであった。六世紀末から七世紀にかけて、実際にキサキになった者が即位して権力を行使していることから、それは明らかであろう。

すなわち、敏達《びだつ》天皇のキサキだった推古天皇（五九二年即位）、舒明天皇のキサキから即位した皇極・斉明天皇（六四二年即位、六五五年重祚《ちょうそ》）という前例があったのである。用明天皇のキサキ、穴穂部間人皇女《あなほべのはしひと》や、孝徳天皇のキサキである間人皇女のように、キサキの地位にありながら即位に至らなかった者もいるから、キサキになりさえすれば、だれにでも皇位継承の道が開かれるわけではなかったのであるが。

持統天皇の場合、父方の祖母に二度も即位した皇極・斉明天皇がおり、ごく身近に皇女の身分からキサキを経て天皇になった女性がいたことは、大きな刺激になったにちがいない。皇極・斉明天皇の存在がなければ、天皇持統はこの世に誕生しなかったといえよう。

皇女たちの結婚

持統天皇の前半生は、基本的に他の皇女たちと変わらない。彼女の幼少女期の情報がまったく伝わらないことが、それを物語っている。

おそらく十代の半ば頃である。彼女に結婚の話がもちあがった。『日本書紀』持統天皇称制前紀は、それについてつぎのように記す。

天豊財重日足姫天皇《あめとよたからいかしひたらしひめのすめらみこと》（斉明天皇）の三年に、天渟中原瀛真人天皇《あまのぬなはらおきのまひとのすめらみこと》（天武天皇）と結婚され、その妃《みめ》におなりになった。……天命開別天皇《あめみことひらかすわけ》（天智天皇）の元年に、草壁《くさかべ》皇子尊《のみこのみこと》を大津宮でお生みになった。

斉明三年（六五七）、持統天皇は、父天智天皇の弟、すなわち叔父にあたる後の天武天皇（大海人皇子）と結婚することになったのである。これは、その時期から考えて、彼女の祖母斉明天皇と彼女の父である後の天智天皇の命令によるものであろう。天武天皇はすでに、持統天皇の姉大田皇女《おおたのひめみこ》を娶っていたはずである。

この時期の皇女たちの結婚に明確な制度的規定があったとは思われないが、つぎの養老継嗣令《けいしりょう》、王娶親王《おうしゅしんのう》条が参考になろう。

およそ、王は親王を娶り、臣下は五世の王を娶ることを許す。但し、五世王が親王を娶ることは許されない。

この場合の「王」とは、天皇の兄弟や息子である親王（天皇の姉妹や娘であれば内親王）を一世と数えて、二世から五世までの皇族男子を指している。たとえば、天武天皇の子である高市皇子《たけちのみこ》は一世王（親王）であるが、その子の長屋王《ながやのおおきみ》は二世の「王」ということになる。「五世の王」は男女いずれにせよ、「何々王」と名乗ることは許されるが、すでに「皇族の範囲にはふくめない」とされていた。

二世から四世までの皇族男子の結婚相手は内親王以下、二世から五世までの女王に加えて、一般の貴族の女子も可であるが、一般の貴族たちの結婚相手としては五世の女王以下を許すとの法意である。すでに皇族の範囲外にある五世王が内親王と結婚することはみとめられず、他方、五世王以下の女子となると一般の貴族との結婚も許されることになっていた。

斉明三年当時、天武天皇は斉明天皇の子であるから一世王、持統天皇は一世王たる天智天皇の娘であるから二世の女王ということになる。彼女は一世王の結婚相手としてはふさわしい存在であったといえよう。

なぜ叔父と結婚したのか？

それにしても、持統天皇はどうして叔父にあたる天武天皇と結婚することになったのであろう。換言すれば、斉明天皇や天智天皇はなぜ、持統天皇に世代差のある近親者との結婚を強いたのかということである。

これについては、彼女だけでなく姉の大田皇女も天武天皇の妻となっていることが手掛かりになろう。さらに天武天皇は、彼女ら姉妹だけでなく、後年（おそらく壬申の乱後）、彼女たちにとって異母妹にあたる大江皇女《おおえのひめみこ》や新《にい》田部皇女《たべのひめみこ》らも娶っている。天武天皇は姪にあたる皇女を結果的に四人も妻としたことになる。

この近親婚が政略にもとづくことは明らかである。だから、天智天皇と天武天皇との間には、このような政略結婚によってカバーしなければならない特別な対立・確執があったのではないかと考える傾向は根強い。

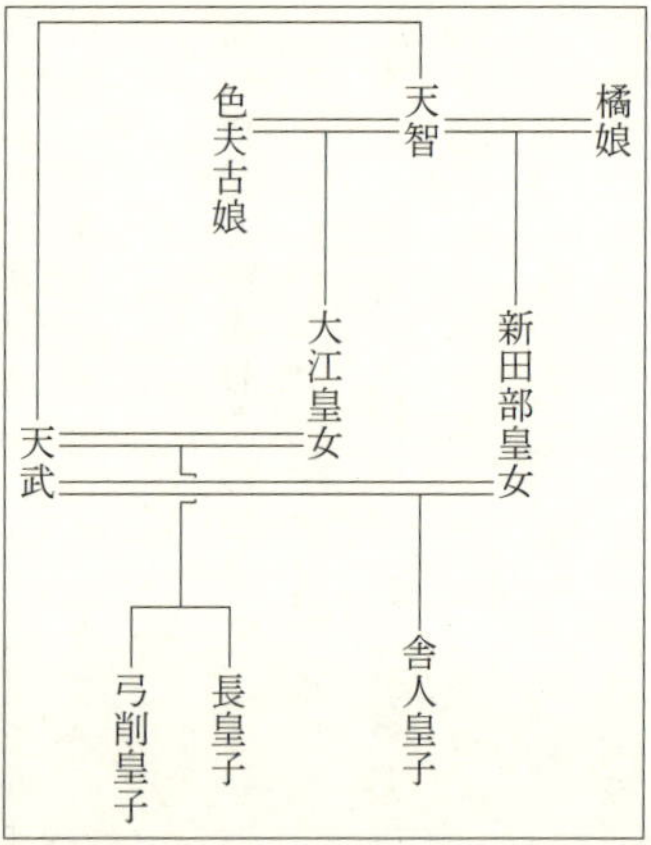

天武天皇の婚姻

だが、天皇家において、このような近親婚はすでに早く行われていた。当初は異母兄弟姉妹の結婚が主流であった。それは、基本的に天皇家の純血性を保持するためであったと推測される。天武天皇の結婚も、天皇家内部で行われてきた近親婚のながれのなかで理解すべきであろう。

天武天皇の場合、姪たちとの間にもうけた皇子たちが有力な皇位継承資格者とされていることが注目に値しよう。すなわち、大田皇女が生んだ大津皇子、持統天皇が生んだ草壁皇子は、いずれも最有力の天皇候補であったが、両人ともに即位にはいたらなかった。また、大江皇女は長皇子《ながのみこ》と弓削皇子《ゆげのみこ》を、新田部皇女は舎人皇子《とねりのみこ》をもうけたが、『懐風藻』葛《かど》野王《ののおおきみ》伝によれば、長皇子や弓削皇子にも皇位継承権があったようである。

これは、いずれも彼らの血統が重視された結果であろう。大津皇子や草壁皇子は、近親婚が一般的に行われていた天皇家のなかにあっても、天智天皇と天武天皇の両方の血を濃密に受け継ぐという点で、ひじょうに特別な血統をそなえた皇子ということになる。天武天皇が天智天皇の皇女を結果的に四人も娶ったのは、第一に、このような特別な血統をもった皇子をこの世に生み出すためにほかならなかったであろう。

七世紀の後半になって、なぜこのような特殊な血統の創出が必要になったかといえば、孝徳天皇の時代に行われた改革（いわゆる大化改新）によって、中国的な中央集権国家の形成がはじまったことと関係があると思われる。この新しい国家体制の頂点に立つ君主たる者にはそれにふさわしい条件がそなわっていなければならない。天皇の選出のしかたが、従来のように、君主のもとに結集した豪族たちの長の選出方法と同じであっては権威に欠けること著しい。

中央集権国家の頂点にある天皇にふさわしい条件や資格を創出するために、天皇家ではかねてから行われていた近親婚を利用したということができよう。持統天皇はもともと皇位継承の埒外《らちがい》にあり、内政・外交への関与も封じられていた皇女のひとりにすぎなかったが、祖母や父に命じられるままに、同母の姉と同様に叔父の妻になったのである。

大海人皇子の将来性

持統天皇のような皇女には、もともと皇位継承権がなかったと述べた。その点は、彼女の結婚相手である天武天皇（大海人皇子）についてもいえるのではないかと思われる。

天武天皇にほんとうに即位資格があったかどうかについては、慎重に検討してみる必要がある。彼が後年、壬申の乱という未曾有の内乱に勝利して即位し、天武天皇とよばれる偉大な天皇になったという歴史の結果から判断しては、大きな間違いを犯す危険があろう。

かつて、古代の皇位継承のルールについては、それがあるとすれば、直系継承か、さもなければ兄弟継承だったのか、という、じつに単純な二者択一で論じられてきた。そして、兄弟継承が行われているもとでは、天武天皇にはたしかに皇位継承権があったとみなされてきたのである。

しかし、一口に兄弟継承といっても、時代によって変化があることに留意すべきであろう。

六世紀の前半、継体《けいたい》天皇の後にその息子の安閑《あんかん》天皇と宣化《せんか》天皇の同母兄弟（母は尾張の豪族の娘）が相次いで即位したことがあった。だが、その後はこのような同母の兄弟継承は見られなくなり、兄弟継承といってもそれは異母の兄弟間の継承に変わっていく。

六世紀後半、欽明天皇の没後、その最年長の息子敏達天皇（母は宣化天皇の皇女、石姫《いしひめ》）を皮切りに、その異母弟である用明天皇（母は蘇我稲目の娘、堅塩媛《きたしひめ》）、崇峻天皇（母は同じく稲目の娘、小姉君《おあねのきみ》）が皇位を継承していった。基本的に同じ母から生まれた兄弟中の長子が相次いで即位していったようである。この前後から同母関係中の長子を意味する大兄《おおえ》を名前にふくむ皇子があらわれることも、そのような慣行があったことをうかがわせる。

崇峻五年（五九二）、崇峻天皇が暗殺された直後に即位した推古天皇も欽明天皇の娘（母は蘇我堅塩媛）であり、敏達天皇や用明天皇の妹、崇峻天皇の姉ということになる。だが、彼女の場合は、彼らの姉妹だから即位できたのではなく、先に述べたように、敏達天皇のキサキだったことで皇位継承が可能になったと考えられるので、これを兄弟継承の一例とみなすことはできない。

同様に七世紀の半ば、皇極四年（六四五）六月、皇極天皇（敏達天皇の曾孫。茅渟王《ちぬのおおきみ》の娘）からの譲位によるその同母弟の孝徳天皇の即位も、単純な意味での同母姉弟間の継承例とはいえないであろう。皇極天皇は、同じ母から生まれた兄弟中の長子として即位したわけではなく、あくまでも舒明天皇のキサキという資格のもとに即位したからである。

このように七世紀後半の段階では、同母関係にある兄弟の長子に皇位継承権がみとめられていたのであって、基本的に次男以下の即位の可能性はきわめて乏しかったと考えられる。舒明天皇・皇極天皇夫妻の長子である天智天皇に皇位継承権はあったが、天武天皇にはみとめられていなかったと見るべきであろう。

大海人という名の「臣隷性」

現に天武天皇は「大皇弟」と通称されており、これは天皇の弟で次期天皇候補たる皇太弟とは異なる呼称であった。「大皇弟」とは「おおすめいろど」であって、あくまでも「天皇の弟君」を意味する尊称であったと見られる。次期天皇の座を保証する公的称号ではありえない。

また、天武天皇の諱《いみな》である大海人も、将来天皇になる人の名としてはやや権威に欠けるものであった。その名は、諸国の海部《あまべ》を統括する大海氏が彼を養育したことに由来した。命名のしかた自体は一般の皇子・皇女と同様である。

だが、海部が中央の支配者集団から見て言語・風俗などの点で異形《いぎょう》の集団とされていたことを思えば、そのような異形の集団を率いる大海氏の手で育てられた天武天皇も、皇子たちのなかにあって一風変わった存在とみなされていたことが想像される。少なくとも将来天皇になることが約束されている皇子に付せられる名前ではない。

もちろん、諸国の海部集団から「海幸《うみさち》」を献じられることは、天皇の天皇たる所以とみなされていた。しかし、『古事記』中つ巻によれば、応神《おうじん》天皇は次期天皇として年若い息子、宇遅能和紀郎子《うじのわきいらつこ》をえらんだが、天皇たる彼への山や海からの貢納を統括する仕事（これを「山海の政《まつりごと》」といった）は、その異母兄である大山守命《おおやまもりのみこと》に命じたという。ちなみに、同じく異母兄の大雀命《おおさざきのみこと》、後の仁徳天皇には「食国《おすくに》の政」（山海以外の一般領域からの貢納を統括する職務）を委ねたとされる。

この古伝承からうかがえるのは、たとえ名目上のこととはいえ、山部から献ぜられる「山幸」や海部が貢納する「海幸」を取りまとめる仕事自体は、あくまでも天皇に仕える臣下のそれと認識されていたことである。大海人を名乗る皇子は、天皇家の一員とはいいながら、天皇に仕える者という「臣隷性」をあらかじめ刻印されていたといってよい。それは、かつて天皇家と比肩する勢力を誇り、一大門閥、蘇我氏のルーツとされた葛城氏の名を諱とする天智天皇とは大きな開きがあった（有名な中大兄は彼の通称）。

以上のように、天武天皇はその大海人という諱からいっても、将来皇位を継承する資格などみとめられていなかったと考えられる。持統天皇は、祖母斉明天皇や父天智天皇の命により、そのような叔父の妻となったのであるが、将来天皇になる血統的な条件をもった皇子をもうけることがその使命であったといえよう。

この時点における彼女は、あくまで天皇の母になるという将来が約束されているにすぎなかった。そして、夫の天武天皇はといえば、天皇の父として、その後見に任ずるといったところがせいぜい想定できる未来像であったと思われる。

天皇の生母、それは後世でいえば「国母《こくも》」である。だが、持統天皇がそのような将来に満足していなかったことは、つぎに見るように、彼女が夫とともに壬申の乱に身を投じたことからも明らかであろう。

3　壬申の乱への道──「遂に与《とも》に謀を定む」

持統天皇は内乱の首謀者？

天智十年（六七一）十二月に天智天皇が死去した翌年（干支が壬申の年）、後に古代史上最大といわれた内乱が起きる。天智天皇の弟天武天皇と、天智天皇の子である大友皇子が天皇の座を争った、世にいう壬申の乱である。

持統天皇はいったい、この内乱にどのように関わったのであろうか。これについては近年、倉本一宏氏が彼女こそ壬申の乱の首謀者であったとする新説を唱えている（『壬申の乱』戦争の日本史2、吉川弘文館、二〇〇七年）。

倉本氏によれば、天智天皇は将来的な皇位継承について、彼には孫にあたる草壁皇子、大津皇子、葛野王《かどののおおきみ》（大友皇子と天武天皇の娘である十市皇女《とおちのひめみこ》との間に生まれた）、あるいは娘の持統天皇のいずれかの即位を考えていたという。天智天皇の皇位継承プランにおいて、伊賀の地方豪族の娘を母とする大友皇子の即位はまったく考えられておらず、彼には草壁皇子や大津皇子の即位を擁護する役割がもとめられていたにすぎなかったとする。その意味で、天智天皇没後に発足した大友皇子を中心とした体制は、大和王権の歴史においてきわめて変則的な体制であったという。

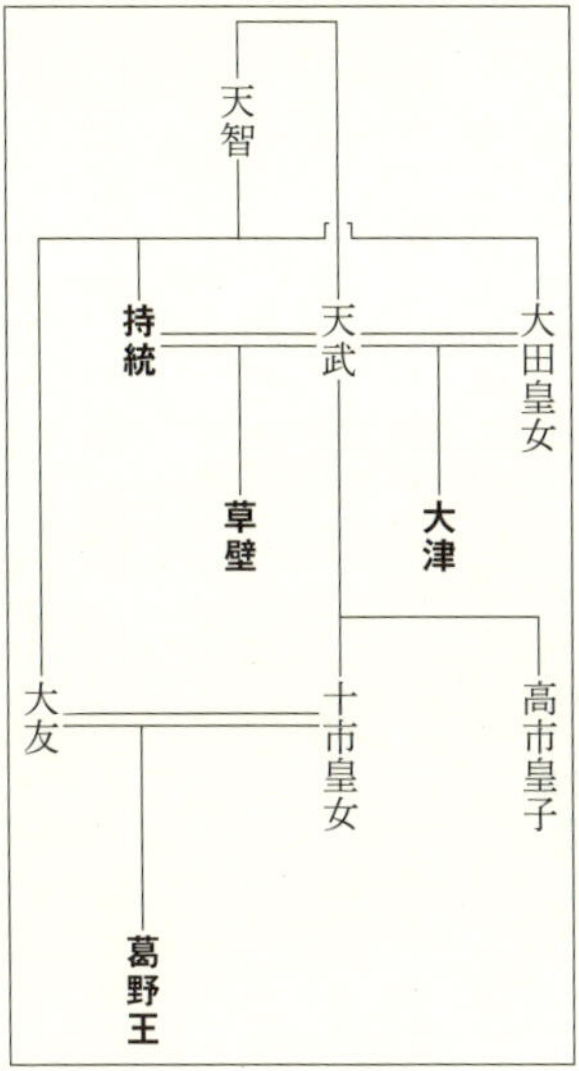

天智天皇の皇位継承プラン

他方、天智天皇の弟、天武天皇

にもとめられていたのは、草壁皇子らのための中継ぎ役であったとする。天武天皇とすれば、草壁皇子、大津皇子、葛野王のうちだれが天皇になっても個人的に何ら問題はなかったというのである。

ところが、持統天皇だけはちがったと倉本氏は考える。彼女のみは自身が生んだ草壁皇子を何が何でも即位させたいと願っていたとする。そこで彼女は、大友皇子を首班とする体制を打倒するための内乱を起こし、その渦中で自身と草壁皇子の安泰を巧みに図りながら、草壁皇子以外の皇位継承候補の命を危険にさらそうと企てたというのである。天武天皇はだれが天皇になっても不都合はなかったので、彼は持統天皇にいわばけしかけられて決起したにすぎなかったと倉本氏は考えている。

この倉本氏の新説には多くの問題点があるといわねばならない。

第一に、天智天皇が娘の持統天皇の即位を視野に入れていたという点である。すでに述べたように、持統天皇のような皇女身分にあった者にはもともと皇位継承権がみとめられていなかった。

当時においては、皇女が例外的に天皇になるためには、キサキという身分を獲得し、そのうえでキサキとしての経験と実績を十分に積み上げねばならなかった。倉本氏が、持統天皇に即位資格があったように考えているのは、彼女が実際に即位して偉大な足跡を遺したという歴史の結果からさかのぼって導き出した憶測にすぎない。

なお、草壁皇子や大津皇子が、その血統の特殊性ゆえに有力な天皇候補であったことは倉本氏のいうとおりであろう。だが、葛野王の場合はどうであろうか。倉本氏によれば、その父大友皇子は皇位継承の埒外にいた人物のはずである。その息子である葛野王が、いくら天智天皇の孫だからといって、それだけの理由で草壁皇子や大津皇子と肩を並べることができたとは考えにくい。

第二に、持統天皇ひとりが草壁皇子の即位を望んでいたという点。草壁皇子が天皇になることは、ひとえに彼女の母としての個人的な願望であり執念だったことが強調されている。

だが、倉本氏のように、持統天皇のような有力な個人の意思や願望によって、簡単に歴史が動くと考えることは問題であろう。また、すでに述べたように、草壁皇子の皇位継承権は当時の多くの支配層が容認するものだったことを忘れてはならない。草壁皇子はその血統の特殊性ゆえに、将来天皇になることが期待されていたのである。

第三に、大友皇子には即位資格がみとめられておらず、天智天皇も大友皇子が天皇になることなど微塵も考えていなかったという点があげられる。倉本氏は、大友皇子に即位資格がなかった理由として、彼の母親がいわゆる地方豪族の出であったことを強調する。たしかに六世紀の半ば以降、皇位を継承したのは天皇の皇女、あるいは蘇我氏のような有力豪族の娘が生んだ皇子たちであった。しかし、歴史の結果からすべてを推し測ることは危険であろう。壬申の乱前後において、地方豪族の娘が生んだ皇子の即位が完全に封印されていたとは断定できない。

以上のとおり、倉本氏の壬申の乱＝持統天皇首謀者説は、その前提になる諸点に疑問があり、とても承認するわけにはいかない。総じて、その考察が歴史の結果に大きく左右されているように思われてならない。すなわち、内乱の勝者がいかにして勝つべくして勝ったかという説明に腐心してしまっていることに無自覚なのである。その結果、敗者となった大友皇子には勝機はおろか、即位資格すらなかったということになってしまう。

『日本書紀』はかく語りき

持統天皇の壬申の乱への関与について、『日本書紀』はどのように記しているか。改めて、持統天皇称制前紀を熟読してみよう。

> 十年の十月に、沙門《しやもん》となられた天渟中原瀛真人天皇《あまのぬなはらおきのまひとのすめらみこと》（天武天皇）にしたがって吉野に入り、朝廷からの嫌疑をお避けになった。そのことは天命開別天皇（天智天皇）の紀に

見える。
天渟中原瀛真人天皇の元年の夏六月に、天渟中原瀛真人天皇にしたがって東国に難をお避けになった。軍団に布告し、軍士を結集して、ついにともに計略を定め、命知らずの猛者数万を分かって要衝の地に配備した。秋七月に、美濃国の軍将たちと倭国の豪傑たちが力を合わせて大友皇子を討ち取り、その首級を奉じて不破宮《ふわのみや》に凱旋した。

これによれば、天智十年（六七一）十月、持統天皇は出家した夫の天武天皇にしたがって大津宮を去り、吉野宮に入ったことになっている。そして、翌年六月に吉野宮を出て東国に向かったのも、あくまで天武天皇にしたがっての行動だったとされている。

それにつづく部分、「軍団に布告し、軍士を結集して、ついにともに計略を定め、命知らずの猛者数万を分かって要衝の地に配備した」のは、たしかに持統天皇を主語とする文章になっている。とくに「ついにともに計略を定め」（「遂に与《とも》に謀を定む」）の「ともに」とは、「夫である天武天皇とともに」と解したくなるところである。だが、これは「結集した軍士とともに計略を定めた」の意味に理解すべきであろう。

「東国に難をお避けになった」から後の文は、持統天皇を主語にしているとはいえ、壬申の乱のダイジェストというべきものであり、持統天皇が内乱に積極的に関与したことを明確に主張した文章とは考えられない。後述するように、『日本書紀』巻第二十八（天武天皇紀上）を見ても、持統天皇が内乱の共謀者であったことを明瞭に示す記述はないといってよい。

だが、これまで、以上のように理解するのを妨げていたのは、『日本書紀』持統天皇称制前紀のこれにつづく箇所である。

二年に皇后にお立ちになった。皇后は、終始天皇を輔佐して天下をお治めになった。天皇のお側にあって、話が政務におよぶたびに助け補われることがたびたびであった。

文中「皇后は、終始天皇を輔佐して」の「終始」を、天武天皇の即位に伴い、持統天皇が皇后になる以前にまでさかのぼらせて考えるわけである。持統天皇は皇后となるはるか以前から、もちろん壬申の乱の当時においても、夫に対して絶えず助言と輔佐を惜しまなかったというわけで、その解釈が正しければ、先の「東国に難をお避けになった」という前後から、彼女の政治に対する積極的な関与があったことになる。

しかし、それはやはり拡大解釈といわざるをえない。「終始」は彼女が皇后になってから後のことであって、それ以前にさかのぼらせるべきではない。

ただ、以上はあくまでも、『日本書紀』がそのように認識していたということにすぎない。持統天皇は壬申の乱のさなか、一貫して天武天皇にしたがい行動していたが、皇后になった後は天武天皇の政治を積極的にサポートするようになったということである。それは、皇后としての権限にもとづく政治的行為ということなのであろう。

したがって、持統天皇が実際に壬申の乱にどのように関わったかについては、これとは別に考えてみなければならない。

内乱における持統の動静

『日本書紀』によれば、天武天皇は吉野宮に入った翌年六月に行動を開始したことになっている。それは、近江朝廷を牛耳る奸臣たちの容赦のない攻撃に対するための正当防衛だったことが強調されている。

六月二十二日、天武天皇はその経済的基盤のあった美濃国安八磨評《あはちまのこおり》に舎人《とねり》数名を先発させ募兵を命ずる。そして、二十四日、ついに吉野宮を出立することになる。出発当初は舎人二十余人、女孺《めのわらわ》十余名にすぎなかったという。『日本書紀』天武元年六月甲申《こうしん》条には、そこで、皇后は輿《こし》にお乗せして、おしたがわせになった。

とあり、「皇后」すなわち持統天皇は御輿《みこし》に担がれて吉野宮を後にしたとされる。以後、菟田《うだ》の吾城《あき》にて大伴馬来田《おおともまぐた》らが合流、ついで甘羅村《かんらのむら》にて「猟者二十余人」と遭遇、伊賀の中山にて「数百の衆」をしたがえたことが記される。

二十五日の早朝のことであろう、積殖《つむえ》山口にて大津宮より脱出して来た高市皇子の主従が合流、さらに進んで伊勢国鈴鹿評では「五百軍」を得て鈴鹿山道の封鎖に成功する。そして、『日本書紀』天武元年六月乙酉《いつゆう》（二十五日）条にはつぎのように見える。

川曲《かわわ》の坂下《さかもと》に至って日が暮れた。皇后がひどくお疲れであったので、しばし輿を留めてお休みになられた。

川曲の坂下は、伊勢国の国分寺があった鈴鹿市国分町のあたり、鈴鹿川の北岸である。ここで持統天皇の疲労が極限に達したことが強調されている。ただ、『日本書紀』の文脈による限り、それはあくまで、彼女が天武天皇に懸命にしたがって来た結果とみなされているのである。

二十六日、伊勢国朝明評《あさけのこおり》に入る直前、大津宮を脱して来た大津皇子主従が合流を果たす。さらに早馬により「美濃の師三千人」を徴発したとの報告を受ける。伊勢国朝明評に入り、東海・東山両方面に向けて徴兵のための使いが発遣される。そして、この日は伊勢国桑《くわ》名《な》評に宿ることになった。

二十七日、天武天皇は、美濃国不破評に先発した高市皇子にうながされ、桑名から不破に向かう。これについて、『日本書紀』天武元年六月丁亥《ていがい》条は以下のように記す。

天皇は皇后を桑名にお留めになって、不破にお入りになった。

以後およそ一ヵ月の間、持統天皇は桑名に滞在することになる。草壁皇子の名は見えないが、彼も母である持統天皇とともにこの地に留まったのであろう。『日本書紀』は、天武天皇が、その本陣であり最前線というべき不破から遠く離れた桑名の地に持統天皇を避難させたことを強調して描いているといえよう。

伊勢の桑名にいた持統

以上見たように、『日本書紀』によれば、壬申の乱の展開過程に持統天皇はほとんど登場しない。彼女があらわれるのは吉野宮脱出の場面と、東国への逃避行のさなか、伊勢国三重評で休息する場面くらいである。そして、天武天皇が美濃国に向かった後は、伊勢国の桑名に留まっていたとされている。

その桑名における持統天皇の動静を伝えるのが、『続日本紀』天平宝字元年（七五七）十二月壬子《じんし》条であろう。

従五位上の尾張宿禰《おわりのすくね》大隅《おおすみ》の壬申年の功労による水田四十町は、近江朝廷が天智天皇の喪に服しているさなか、天武天皇が大義のために挙兵し、ひそかに関東に行幸した時に、大隅は天皇を迎えて導き申し上げ、さらに私邸を清掃して行宮《かりみや》とし、軍費を提供してお助け申し上げたことによる。その功労はじつに大きい。しかし、大功に准ずるほどではなく、中功にくらべればそれよりも重いというべきである。令文によって上功と定め、水田は三代の後まで相続をみとめることとする。

壬申の功臣の一人、尾張大隅とは、伊勢湾沿岸一帯を支配する有力な在地豪族である。彼が天武天皇を迎えて先導したと見えるが、これが内乱のさなか、天武天皇が滞在することになる野上行宮《のがみのかりみや》のある美濃国不破の一帯に出迎えたとは限らない。そこは大隅の支配領域から大きく外れており、その周縁部に位置する。大隅が天武天皇を迎えたのは、桑名周辺とみなすのが妥当ではないだろうか。

また、大隅が払い清めて天武天皇に献じたという私邸が、天武天皇の本陣となった野上行宮だったとは断定できないであろう。伊勢湾沿岸を支配していた尾張氏の邸宅が、内陸の美濃国不破にあったというのは考えにくい。

持統天皇が滞在した桑名であれば、伊勢湾沿岸一帯ということになる。彼女が内乱のさなか滞在していた建物が大隅の私邸だった可能性はやはり高いであろう。この『続日本紀』の記載により、持統天皇が内乱の間、大隅によって提供された伊勢国の桑名の邸宅に滞在していたことは、ほぼ間違いないのではないだろうか。

それはどう見ても戦線のはるか後方である。持統天皇は内乱のなか、比較的安全な場所に身をおいていたことになる。以上、『日本書紀』は、持統天皇が壬申の乱に積極的・主体的に関与したとは描いていないといえよう。

さて、壬申の乱のその後の展開であるが、美濃国不破に拠点をおいた天武天皇軍と近江大津宮を本拠とする大友皇子軍が琵琶湖をはさんで対峙しながらも、倭古京《やまとのふるきみやこ》争奪をめぐって激しく鎬《しのぎ》を削った。やがて倭古京を制圧した天武天皇軍が優勢となり、大津宮を四方から攻囲する形勢となり、七月二十三日、大友皇子を自害に追い込んで内乱は終息したのである。

天武天皇と持統天皇の共犯関係

すでに述べたとおり、『日本書紀』は、持統天皇自身が壬申の乱に積極的・主体的に関わったとはとらえていなかった。むしろ、彼女はあくまでも天武天皇にしたがって行動したことが強調されているといえよう。

だが、それはあくまでも『日本書紀』の認識にすぎない。『日本書紀』はなぜ、そのように描いたのであろうか。

それはやはり、持統天皇が壬申の乱によって得たものが何であったかから推察するしかない。すでに見たとおり、もともと天武天皇と持統天皇は、夫婦そろって即位資格がみとめられていなかった。その彼らが壬申の乱をさかいに一変して相次いで即位することになった。これは厳然たる事実である。

これを仔細に見るならば、まず天武天皇は内乱を通じて天智天皇の正式な後継者である大友皇子を殺害することで、皇位を手に入れた。そして、持統天皇はその天武天皇のキサキ（皇后）になったことによって皇位継承権を得た。内乱における天武天皇に対する持統天皇の従属性が強調されたのは、この点が留意されたからにほかならないであろう。持統天皇は、大友皇子の殺害に直接関与してはいないというわけである。

だが、大友皇子を死に追い詰めた代償として、それぞれに大きな利を得たという点で、天武天皇と持統天皇には共犯関係が成立することになる。この稀代の犯罪を国家公認の歴史書のなかにそのとおりに書くわけにはいかないであろう。大友皇子と対決することになったのは、断じて、私利私欲によるのではないとしなければならなかった。

六七二年に壬申の乱という戦争が起こり、それに大勢の人びとが参加したことは明らかである。だが、戦争が起きたほんとうの原因を知る人はわずか一握りであったにちがいない。だからこそ戦後、勝者となった者は、何が原因で戦争が勃発したのか、そして、どうして彼らが勝利できたのかについて、いかようにも説明することが可能だったのである。

このような説明は、たしかに歴史の一証言として貴重ではある。だが、それを真に受けることは、およそナンセンスといわざるをえない。

大友皇子の殺害を正当化する

第一章で述べたように、『日本書紀』は、壬申の乱直前の天智天皇の時代に、一つの王朝が終焉の危機を迎えていたという独自の歴史認識を示していた。このような独特の歴史認識によって壬申の乱を描こうとしていたところに、『日本書紀』の明確な意図を読み取ることができよう。

『日本書紀』は、天武天皇と持統天皇による大友皇子殺害という犯行を隠蔽《いんぺい》し、正当化するために、まずは天智天皇が「天命開別」すなわち「中国的な王朝の始祖」であったとした。天智天皇にはじまる王朝という構想をその基底に導入することにしたわけである。

そのうえで、この王朝が、実際に中国においてもしばしば見られたように、奸臣たちの台頭によって滅亡の危機に瀕していたことにした。そして、天智天皇没後、天武天皇と持統天皇が敢然と立ち上がったのは、あくまで王朝を蚕食する奸臣たちを掃討し、天智天皇の王朝の正義と秩序を回復するためであったとしたのである。

大友皇子を殺害する結果になってしまったのは、不運なことに、彼が憎むべき奸臣らに担がれていたからであり、天武天皇・持統天皇に大友皇子に対する敵意や殺意はまったくなかったとされた。また、『日本書紀』には、吉野宮を出て東国をめざした天武天皇一行を追撃すべしと大友皇子に提案する者があったが、彼はその作戦を言下に退けたという場面がある。これは、大友皇子の側にも、天武天皇・持統天皇に対し敵意がなかったことを読者に印象づけようとする記述と考えられる。

以上のように描くならば、天武天皇・持統天皇は大友皇子の死に直接的な責任がないことになり、彼らによる大友皇子殺害は晴れて免罪される。さらに、この点がむしろ重要なのであるが、天智天皇と天武天皇・持統天皇との間に対立や断絶はなかったのであり、天武天皇・持統天皇の王権は、天智天皇のそれを正しく継承する正統な権力であったと確認されることになる。

壬申の乱をいかに描くか

以上を要約するに、『日本書紀』が、天智天皇にはじまる王朝終焉の危機といった状況を殊更に強調して描いていたのは、ひとえに天武天皇と持統天皇が大友皇子を殺して、彼から権力を略奪したという犯行を隠蔽し、彼らが天智天皇から正当に権力を継承したというデマゴーグを史書のなかで展開するためであった。

『日本書紀』の記述が、このようにきわめて意図的なものになっているのは、やはり天武天皇のみならず持統天皇も、壬申の乱という内乱の発生にまったく無関係ではなかったことを裏書きしているといえよう。

森博達氏によれば、『日本書紀』の壬申の乱に関する叙述（森氏の分類によるβ群に属する）が書かれたのは文武天皇の時代以降とされている。他方、王朝の末期的状況を強調した天智天皇の時代の記述（こちらはα群）は、それより早く、持統天皇の時代に成立したと考えられている（前掲『日本書紀の謎を解く』）。したがって、天智王朝の衰亡を前提に、壬申の乱をそのような危機的状況を乗り越えるための義戦として描こうという構想自体は、持統天皇の時代に、ほかならぬ持統天皇自身によって創出されていたとみなしてよかろう。

もちろん、『日本書紀』の編纂は天武十年（六八一）三月、天武天皇の在世中からはじめられているから、天武天皇がそのような構想の創案にまったく関与しなかったとは考えにくい。それでも、この構想にもとづいて、天武天皇や持統天皇にとって現代史ともいうべき壬申の乱前後の歴史が総括され、具体的な叙述がまとめられたのは、持統天皇の治世に下ると考えられるのである。

4　吉野宮の盟約――「襟を披《ひら》きて其の六の皇子を抱きたまふ」

中国に倣って天皇に

壬申の乱の翌年（六七三）二月、天武天皇は、斉明天皇が造営した後飛鳥岡本宮《のちのあすかのおかもとのみや》を拡張して造った宮殿（後に飛鳥浄御原宮《あすかきよみはらのみや》と命名される）で正式に即位した。彼は従来の大王（正確には治天下大王《あめのしたをしろしめすおおきみ》）ではなく、新たに天皇という地位に就任したようである。

ただ、天武天皇は当初から天皇を称したのではなく、即位の数年後にこれを称号として採用したのではないかと見られる。なぜならば、天皇号は、唐の三代皇帝である高宗《こうそう》が上元《じょうげん》元年（六七四）八月、はじめて用いたもので、天武天皇はこれに倣ったと考えられるからである。

『旧唐書《くとうじょ》』高宗本紀、咸亨《かんこう》五年八月壬辰《じんしん》条には、

　皇帝を天皇と称し、皇后を天后と称することにした。咸亨五年を改めて上元元年として、大赦を行った。

とあり、高宗は道教に心酔するあまりに、皇帝に代わって道教の最高の神格のひとつである天皇の称号を名乗ることにしたのである。天皇とは、道教が希求する「不老不死の象徴」というべきものであった。同時に皇后は天后と称されることになった。この皇后とは有名な則天武后《そくてんぶこう》にほかならない。

天智天皇の正統な後継者である大友皇子を殺害し、その権力を横取りした天武天皇とすれば、大友皇子が就任するはずであった大王の称号を名乗ることはさすがに憚《はばか》られたので

あろう。

天皇の訓である和語「すめらみこと」とは、「一点の穢《けが》れもない、この世でもっとも清浄な御方」、または「この世のあらゆる穢れから完全に超越している御方」の意味である。とすると、一見、漢語の天皇と和語の「すめらみこと」の間に意味上の齟齬《そご》があるように思われる。

だが、「穢れ」が「気枯れ」であり、生気や生命力が失われていく忌むべき状態を意味するとすれば、それを超越している「すめらみこと」とは、「永遠の生命を保持する稀有な御方」、すなわち漢語の天皇と同様に「不老不死の象徴」ということになる。

天武天皇は壬申の乱において、流血や死という「穢れ」が充満した戦場にまったく身をさらすことなく、奇跡的な大勝利を得て即位することになった。おそらく、その点を誇大にとらえて、「穢れ」からの完全なる超越、すなわち永遠の生命力を保持しえた者を意味する称号を新たに採択することになったのではないかと思われる。

天皇は一代限りの称号

だが、高宗が採用した天皇は彼一代限りの称号であった。高宗は道教という宗教への信仰心の高まりから、あくまでも彼一代に限って天皇を称号にしたいと願ったのである。

天武天皇が高宗に倣って天皇を称しはじめたとすれば、やはり彼一代限りの個人的な称号としてそれを採択したのではないだろうか。『日本書紀』を見ると、天武天皇の没後、たんに天皇と称して彼を指した例がある。たとえば、『日本書紀』持統五年（六九一）二月壬寅朔《じんいんさく》条は以下のとおり。

天皇は重臣たちに詔して、「そなたたちは、天皇の御代に仏殿や経蔵《きょうぞう》を建立し、毎月の六斎《ろくさい》を行い、天皇は大舎人《おおとねり》をお遣わしになり、それをたしかめさせた。朕の治世においても同じようにいたしたいと思う。それゆえ、今後もつとめて仏法を礼拝するように」と仰せになった。

持統五年に出された詔のなかに見える「天皇」は、明らかに当時天皇であった持統天皇ではない。それは、前天皇たる天武天皇のことを指していると見るべきである。天武天皇没後の持統天皇の治世（「朕の治世」）においては、たんに「天皇」といえば天武天皇その人を意味したことになる。

同様の記述が『日本書紀』持統十一年（六九七）六月辛卯《しんぼう》条にも見られる。

重臣たちやすべての官僚たちは、天皇の病を癒すために造立しようとした仏像を造りはじめた。

この「天皇」も、持統十一年当時天皇であった持統天皇ではありえない。この前後、持統天皇は仏像を造って祈願しなければならないような病にかかってはいなかった。先代である天武天皇を指して、たんに「天皇」とよんでいる。「天皇」すなわち天武天皇が病臥の時、その本復を祈って仏像を造立しようとしたが、それが果たせないままだったのである。これも、天武天皇個人を指して「天皇」と称した事例とみなしてよいであろう。

天武天皇が高宗に倣ったとするならば、持統天皇は天后とすべきところである。それなのに、本来の皇帝に対する皇后をそのまま導入している。そして、皇后は持統天皇以後もひきつづき使用されたことから見るならば、やはり天皇は皇后とは異なって、天武天皇一代限りということで採用された可能性が高いといえよう。

皇后になれるのは持統天皇しかいなかった

『日本書紀』天武二年（六七三）二月癸未《きび》条にはつぎのように見える。

天皇は役人に命じて高御座《たかみくら》を設けさせ、飛鳥浄御原宮で天皇の位にお就きになった。正妻を皇后にお立てになった。皇后は草壁皇子をお生みになられた。

天武天皇の即位に伴い、その「正妻」持統天皇が皇后に立てられたというのである。これを機にして、従来は大后と表記されていたキサキが今後は皇后と書かれるようになったと見られる。

この時、持統天皇が就任した皇后は天皇とはちがって、この後も受け継がれていく地位であった。その意味で持統天皇は初代皇后になったといってよい。それに対して天武天皇の場合、天皇は彼一代限りの個人的な称号であったと考えられるから、厳密にいえば、その初代とはよびがたいことになる。

ところで、持統天皇はなぜ、初代皇后になることができたのだろうか。天智天皇の皇女である彼女が、生まれながら天皇に即位する資格をもっており、その前提として皇后になるのは当然であったとみなす限り、このような問いは到底生じてこないであろう。

持統天皇が皇后になれたのは、もちろんのこと天武天皇が壬申の乱に勝利し、思いがけず即位することになったからであった。問題はその先である。

六世紀後半以来、キサキには天皇家の女性（皇女・女王）が就任するのが慣わしであった。天智天皇の皇女である持統天皇にはたしかにその資格がある。だが、彼女の同母姉に大田皇女がおり、彼女もまた天武天皇と結婚して大津皇子をもうけていた。よくいわれることであるが、大田皇女が生きていれば、皇后になったのは持統天皇ではなく大田皇女だったというのは、まさにそのとおりであろう。

天武天皇は壬申の乱後、大江皇女・新田部皇女といった天智天皇の皇女をさらに娶ることになるが、即位したこの時点でまだ彼女たちは後宮に迎えられていない。ということは、壬申の乱直後、天武天皇即位の時点において、その皇后になることができるのは持統天皇しかいなかったのである。これは意外に思われるかもしれないが、持統天皇が多くのライヴァルを蹴落として皇后の座を射止めたのではなかったことに留意せねばならない。

ともあれ、これによって持統天皇は将来的に天皇になる資格を手に入れたということができよう。敏達天皇のキサキであった推古天皇、舒明天皇のキサキの皇極・斉明天皇は、いずれも夫である天皇の没後に即位している。これらの先例にしたがえば、天武天皇の皇后たる持統天皇は、天武天皇の亡き後に天皇になる可能性が生じたことになる。

ただ、キサキになったとしても、すべての者が天皇になっているわけではないことは第2節でも触れた（用明天皇のキサキである穴穂部間人皇女、孝徳天皇のキサキ間人皇女、天智天皇のキサキだった倭姫王《やまとひめのおおきみ》など）。先に見たように、持統天皇称制前紀において、「皇后は、終始天皇を輔佐して天下をお治めになった」として、彼女が皇后として天武天皇の政治を輔佐したことが強調されていた。それは、持統天皇が即位できたのは、彼女に皇后として政治に関与した経験と実績があったからこそであると『日本書紀』が認識していたことを物語っている。

擬制的な同母兄弟の誕生

その後、持統天皇が天武天皇の次期天皇となることが確定したのは、天武八年（六七九）五月に行われた吉野盟約においてであった。この儀式のようすを『日本書紀』天武八年五月乙酉《いつゆう》条はつぎのように記している。

> 天皇は、皇后および草壁皇子尊《くさかべのみこのみこと》・大津皇子《おおつのみこ》・高市皇子《たけちのみこ》・河嶋皇子《かわしまのみこ》・忍壁皇子《おさかべのみこ》・芝基皇子《しきのみこ》に詔して、「朕は今日、そなたたちとこの宮の庭で誓いを立て、千年後までも争いごとが起きぬようにしたいと思うが、いかがであるか」と仰せになった。皇子たちは口をそろえて、「仰せのとおりでございます」と申し上げた。そこで、最初に草壁皇子が進み出て、「天地の神々、そして天皇陛下よ。いま、しかとお聞き届けください。それがしども兄弟、長幼合わせて十余の王は、それぞれ母を異にしております。

しかし、同母であろうとなかろうと、みな陛下のお言葉にしたがい、互いに助け合い、決して争うことはいたしませぬ。もし今後、この誓いに背くようなことがあれば、命を失い、子孫も絶えることでありましょう。忘れますまい。断じて過ちを犯しますまい」とお誓い申し上げた。五人の皇子たちも順序にしたがって、同様に誓いの言葉を申し上げた。しかる後に天皇は、「朕の皇子たちは、それぞれ母を異にしてお る。されど、今後は同じ母から生まれた兄弟として慈しむであろう」と仰せになり、御衣の襟を開くと、六人の皇子たちをお抱きになり（「襟を披《ひら》きて其の六の皇子を抱きたまふ」）、「もし朕がこの誓いを破ったならば、たちまち朕が身は失せることであろう」とお誓いになった。皇后も、天皇と同じようにお誓いになった。

草壁皇子・大津皇子・高市皇子・忍壁皇子らは天武天皇の皇子であるが、それぞれ母が異なった。河嶋皇子・芝基皇子は天智天皇の皇子であり、やはり母を異にする。天武天皇にはこの他にも皇子がいたが、いずれもまだ幼年であった。ここには天智天皇・天武天皇の諸皇子のうち、成人前後の皇子たちだけが集められているようである（草壁皇子は十八歳、大津皇子は十七歳、高市皇子は二十六歳。いずれも数え年）。

天武天皇が、「千年後までも争いごとが起きぬようにしたいと思う」と提案したのを受けて、草壁皇子以下六人の皇子が、天武天皇と持統天皇に対し、自分たち兄弟は母を異にするけれども、今後はそれには関係なく、兄弟で力を合わせて天皇と皇后に仕えることを誓う。それに応えて、天武天皇と持統天皇が六人の皇子たちに対し、彼らを同じ母から生まれた兄弟として大切にすることを誓っている。

これによって、六人の皇子たちは、目の前にいる天武天皇と皇后である持統天皇から生まれた同母の兄弟ということになった。ここに擬制的な同母兄弟が誕生したのである。

皇子たちの母という優位

持統天皇はといえば、実際には草壁皇子の母でしかないにもかかわらず、天智天皇・天武天皇の皇子たちのうち成人前後の年齢の皇子たちの母親という資格を得た。彼らが成人前後に達しているということは、即位する可能性がみとめられているということである。草壁皇子を筆頭にする彼らの序列は、そのまま彼らの皇位継承順位であったといってよい。

持統天皇が、彼ら皇位継承権をもった皇子たちの母であるというのは、彼女があらゆる意味で彼らよりも優位にあるということである。それが盟約によって改めて確認されたわけである。これにより、持統天皇が彼ら六人を差し措いて、天武天皇の次期天皇であることが確定されたといってよいであろう。六人の皇子たちの母であるという優位、その点を指して持統天皇称制前紀では『後漢書』を援用して「母儀の徳有り」としたのではないだろうか。

たとえば、皇極四年(六四五)六月の乙巳の変を契機に孝徳天皇に譲位した皇極天皇は、新天皇から「皇祖母尊《すめみおやのみこと》」の尊号をたてまつられた。「皇祖母尊」とは「天皇のご生母さま」の意味であり、皇極天皇は実際には孝徳天皇の姉でありながら、その母親とよばれることになったのである。このように、前天皇と現天皇の間に擬制的な母子関係を設定したのは、両者のうちどちらに優位があるかを明示しようとしたものと見られる。

以上見たように、持統天皇が天武天皇の即位に伴い皇后に立てられた時点では、彼女はたんに将来天皇になる可能性がみとめられたにすぎなかった。だが、吉野盟約によって草壁皇子ら有力な皇子たちの母という資格を得た結果、ついに彼女は皇位継承順位第一位の座を獲得するにいたったのである。草壁皇子は、皇子たちのなかでは皇位継承順位が第一位であるが、あくまで持統天皇の次期天皇候補なのであった。

ところで、このような盟約の舞台に吉野宮がえらばれたのはいったいどうしてだろうか。これに関しては、吉野が皇位継承をめぐる争いに端を発する壬申の乱を想起させる場所だったからといわれることが多い。皇位継承に関わる盟約を行うのに、吉野は打ってつけの場所だったというわけである。

だが、たしかに天武天皇や持統天皇は壬申の乱までの半年を吉野宮で過ごしたが、吉野は内乱それ自体を直接想起させる場所とはいえない。先に見たように、天武天皇がはじめて用いた天皇という称号は道教における「不老不死」の象徴であった。その天皇の継承順位に関わる儀式を行う場所としては、後に「神仙郷」とよばれ、「不老不死」のパワースポットとされることになる吉野を措いて他に適地はなかったのではないだろうか。

この点については、持統天皇の吉野行幸に触れて後述したい。

さらなる近親結婚

この吉野盟約の前後、草壁皇子や大津皇子の二人に縁談がもち上がったはずである。すでに見たように、草壁皇子・大津皇子は、天武天皇と天智天皇の皇女との近親結婚によって生まれた。天武天皇と持統天皇は、彼ら皇子たちの妻として、いうならば彼らの後継者を生む女性として、彼らにとっては従姉妹にあたる皇女に白羽の矢を立てたのである。

草壁皇子には阿閇皇女《あへのひめみこ》が、大津皇子には山辺皇女《やまのへのひめみこ》が配偶された。阿閇皇女や山辺皇女は、草壁皇子や大津皇子にとって従姉妹であると同時に彼らの母親の異母姉妹、すなわち

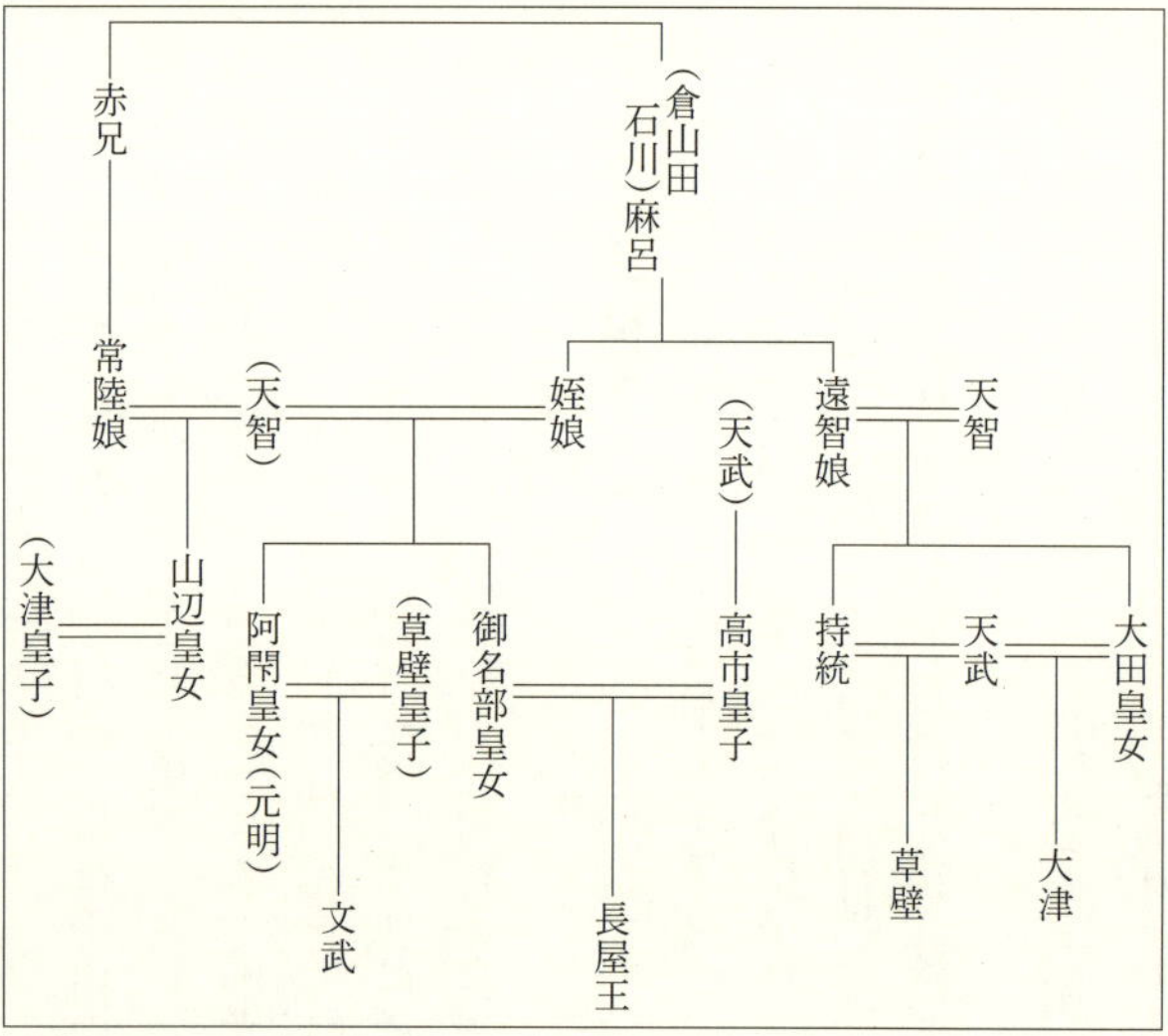

天武天皇の皇子たちの婚姻

叔母であった。

　このような近親結婚によって、天武天皇と持統天皇はいったい何をめざしたのであろうか。草壁皇子や大津皇子は、中央集権国家の頂点に立つ君主にふさわしい特殊な血統的条件をそなえる者として、かつてこの世に生み出されたのであるが、彼らよりもさらに特別な条件をもった人物を生み出すことがこの近親結婚のねらいであったといえよう。

　その期待に応えてというべきであろう、天武十二年（六八三）には草壁皇子・阿閇皇女夫妻に男子が誕生している。珂瑠皇子《かるのみこ》（軽皇子）、後の文武天皇である。

なお、草壁皇子や大津皇子のように近親結婚の所産ではなかったが、彼らに次ぐ皇位継承順位に位置づけられていた高市皇子が、天智天皇の皇女、御名部皇女《みなべのひめみこ》を娶ったのも、おそらくこの頃であると思われる。高市皇子と御名部皇女との間には、天武十三年（六八四）頃に長屋王が生まれている（長屋王の生年については天武五年〈六七六〉説もあるが、天武天皇の皇子と天智天皇の皇女との婚姻が吉野盟約を契機にするものと考えると、天武十三年とするのが妥当かと思われる）。

5　律令・都城、そして正史――「天皇・皇后、共に大極殿に居して」

律令編纂がはじまる

天皇号は当初、天武天皇一代限りの個人的な称号であった。だが、唐の高宗によって始用されるという、中国由来の称号を採用したことにより、ここに中国的な国家制度の導入が本格化することになった。

中国の国家制度の根幹は、何といっても律令である。律は刑罰、令は行政機構や土地・人民の支配について定めた法典を指す。中国では秦漢帝国の時代から編纂がはじめられた。隋ついで唐の時代は、律令制を軸とした国家制度の最盛期だったといわれている。

『日本書紀』天武十年（六八一）二月甲子《かつし》条にはつぎのように見える。

天皇と皇后はともに大極殿にお出ましになり、親王・諸王および諸臣を召し、詔して、「朕はいま、ここに律令を制定し、制度を改めたいと思う。それゆえ、力を合わせてこの事業に取り掛かるのだ。ただ、みながこの仕事に掛かりきりになると、政務が滞るおそれがあろう。よいか、手分けして行うようにせよ」と仰せになった。この日、草壁皇子尊を皇太子にお立てになり、政務の一切をお任せになった。

第二章で見たように、天智天皇によって律令の編纂が開始されたという歴史認識があった。しかし、実際には天智天皇の時代ではなく、壬申の乱後の天武天皇の時代になってはじめて、律令の本格的な編纂、律令国家の建設がはじまったのである。

律令制の導入は七世紀の半ば、いわゆる大化改新にはじまるというのが通説であった。たしかに改革が行われた孝徳天皇の時代に先行する推古天皇の時代、中国の唐より帰国し

た恵日《えにち》らは、

かの大唐国は、法典・儀式がそなわり定まった、まことにすばらしい国でございます。是非とも使者を遣わし、交渉をつづけるべきでございましょう。

と建言したという（『日本書紀』推古三十一年七月条）。この「法典・儀式」が、律令に代表される法や制度を指すことは明らかであろう。

このように、早く七世紀の前半から律令の摂取・導入は見られたが、それはあくまで個別・断片的なものであって、本格的・体系的な摂取・導入とはいいがたいと思われる。大化改新も厳密には律令制導入を骨子とした改革ではありえなかった。とくに、我が国独自の律令編纂が開始される契機になったのは、やはり中国で誕生した天皇という称号を天武天皇がはじめて使用したことにあったと考えられる。

『日本書紀』は、律令の編纂が命じられた同日、草壁皇子が皇太子に立てられたことを記す。草壁皇子は当時、「（草壁）皇子尊」とよばれており、「皇子尊」とは皇子たちのなかでも特別な存在だったことを示す。これは、すでに見たように、彼が皇子たちのうちでは皇位継承順位が第一位であったことを意味した。

このように、この時期はまだ皇太子という呼称・制度が成立しておらず、皇太子に相当する皇子は「皇子尊」のようによばれていた。ただ、律令編纂の開始を契機に草壁皇子の地位・身分に変動があったことはたしかである。推測するに、律令編纂の開始を機にして、当時二十歳になっていた彼に律令編纂事業の総裁といった肩書きがあたえられたのではないだろうか。それは、彼が将来天皇になるための研修を意味したにちがいない。

飛鳥浄御原令は試作品だった?

天武天皇と持統天皇によってはじめられた律令の編纂は、その後どうなったであろうか。『日本書紀』持統三年(六八九)六月庚戌《こうじゅつ》条にはつぎのように見える。

諸官庁に令《のりのふみ》一部二十二巻を班賜した。

これは、いわゆる飛鳥浄御原令の施行とされる記事である。律は未完成であったが、令のみ完成したので、これを施行したのだといわれている。しかし、律と令は車の両輪であって、片方だけの施行にどれほどの意味があったであろうか。

青木和夫氏は、飛鳥浄御原令について、これは一応まとめられたのであるが、完成した法典とはいいがたく、班賜とは諸司に令を文字どおり配ったにすぎず、施行したということではないとした（「浄御原令と古代官僚制」『日本律令国家論攷』所収、岩波書店、一九九二年）。なぜならば、通常ならば編纂に従事した人びとへの褒賞が行われるのに、それが見られないからである。さらに、持統天皇が令の班賜から十年も経たないのに大宝律令を編纂しているのは、やはり、この令に不備があったからとしか考えられないというわけである。

この時に頒布された令とはいわば試作品であって、その後、未完成の律とともに令の編纂もなおひきつづき行われたのではないだろうか。それは、後述するように、大宝律令が完成したのは七〇〇年以後のことであるが、その編纂開始を示す記事がないことが注意されるからである。

つぎの『続日本紀』大宝元年（七〇一）八月癸卯《きぼう》条は、大宝律令の編纂完了を示す記事ではないかといわれている。

三品の刑部親王《おさかべのみこ》、正三位の藤原朝臣不比等、従四位下の下毛野《しもつけの》朝臣古麻呂《こまろ》、従五位下の伊吉《いき》連博徳《はかとこ》・伊余部《いよべ》連馬養《うまかい》らに命じて選定させていた律令がようやく完成した。大体において飛鳥浄御原朝廷の制度を基本とした。そこで身分や働きに応じて禄を授けた。

「大体において飛鳥浄御原朝廷の制度を基本とした」の原文（書き下し）は、「大略、浄御原朝庭を以て准正とす」である。これは、唐の武徳律令の編纂に関して、『冊府元亀《さつぷげんき》』に「大略、開皇を以て准と為し、五十三条を正す」とあるのを誤読したものであることが明らかにされている。武徳律令は開皇律令を基本（准）にしているが、そのうち五十三条を改定（正）したという意味であるのを、「准正」という語であるかのように誤解して用いた。大宝律令とくに大宝令が、飛鳥浄御原令をもとにして編まれたということではない。

大宝律令の完成に伴う関係者への賜禄記事に対応する、律令編纂の開始を示す記事が見られない。ということは、天武十年以来、律令の編纂は営々と継続されてきたと考えるべきではないだろうか。

また、すでに紹介したが、『続日本紀』養老三年（七一九）十月辛丑《しんちゅう》条にはつぎのように見える。これは、大宝律令施行後に律令編纂の歴史を回顧した記述である。

創世以来、法令があることは久しい。まずは君臣の地位を定めて、世は推移してきた。中古におよぶまでそのような法にもとづいて政治は行われてきたが、まだ整った法文にあらわすにはいたらなかった。時代は下って近江の御世（近江大津宮を拠点にした天智天皇の治世）におよび、人民に対し緩やかにすることも厳しくすることも、ことごとく法典として整えられたのである。文武天皇の時代にいたって大いに条文の増減があったが、その後いろいろと改訂が加えられ恒久の法として完成を見た。

森田悌氏は、ここで藤原鎌足による近江令の編纂に言及し、藤原不比等による大宝律令やそれにつづく養老律令の完成の意義を強調しながら、飛鳥浄御原令の存在にまったく触れていないのは、その編纂に藤原氏が関与しなかったからであるとしている（『天武・持統天皇と律令国家』同成社、二〇一〇年）。

しかし、持統天皇の時代、持統三年二月に藤原不比等は判事に任命されており、これが後世の刑部省の職員ではなく、律令編纂に関わる事業の専任スタッフであることは明らかであるから、不比等が浄御原令といわれている法典の編纂に無関係であったとは考えられない。

やはり、養老三年における律令編纂史の総括に飛鳥浄御原令のことが見えないのは、その編纂に藤原氏が関わっていなかったからではなく、それが完成品として施行されたのではないことを物語っていると思われる。

「新城」の建設とその限界

律令制にもとづく国家機構に君臨する皇帝の政治的拠点となったのが、中国においては複数設けられた都城であった。

天皇号を採用した天武天皇の時代、律令の編纂が開始されたのに連動するように、都城の建設も着手されたのである。律令と都城は、天皇という中国的な君主が君臨する国家に不可欠の制度として、いわばセットで導入されることになったといえよう。

これについては、『日本書紀』天武五年（六七六）是年条につぎのように見える。

新城《にいき》に都を造ろうとしたが、その領域内の田は公私を問わず耕作しなかったので、すべて荒れ地となってしまった。しかし、都の造営は中止されることになった。

この「新城」建設工事（具体的には都城の内部を縦横に走る道路の建設）は、理由は不明であるが、完成を見なかった。ところが、『日本書紀』天武十三年（六八四）三月辛卯《しんぼう》条によれば、

天皇は京内を巡幸し、宮室にふさわしい場所を定められた。

とあり、その位置は不明ながら、都城のなかに宮殿を造営する場所も最終的には確定されたようである。

だが、当初、天武天皇が建設しようとした「新城」内部には天皇の居室や中枢官庁を収めた宮室は設けられていなかったことが明らかにされている。それは、発掘の結果、後に持統天皇によって造営される藤原宮の下層に、一般の居住区域がみとめられるからで

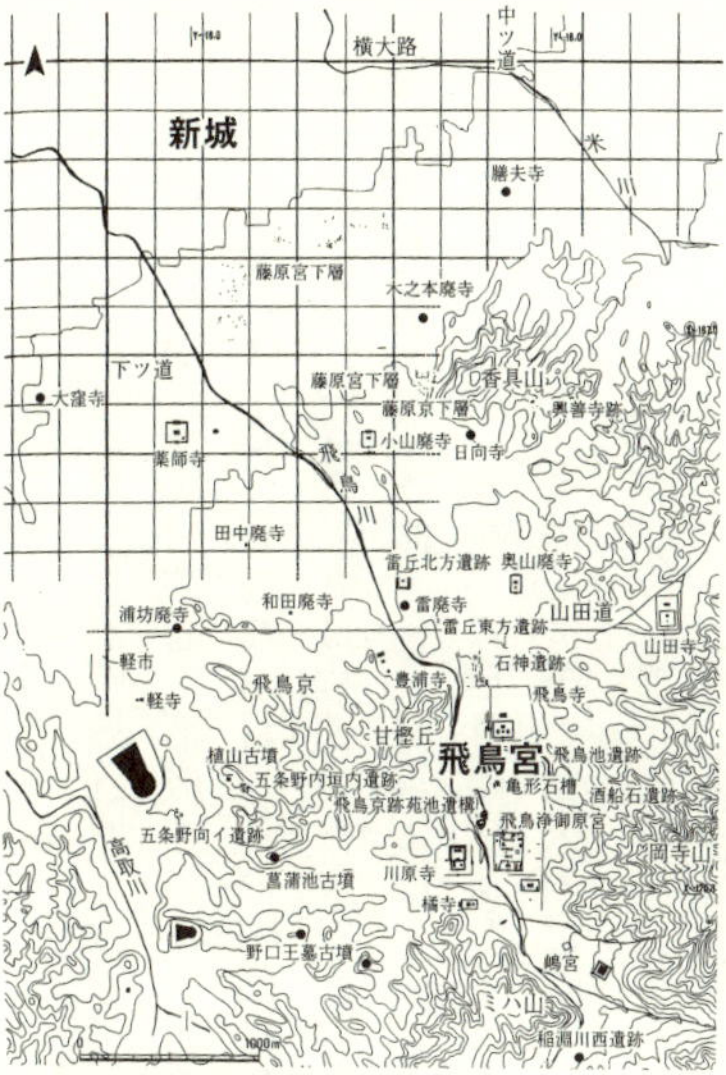

天武朝の飛鳥・藤原地域
（林部均『飛鳥の宮と藤原京』歴史文化ライブラリー、吉川弘文館より）

ある。

天皇の宮室は、「新城」東南に位置する倭京のなかに設けられていた。倭京とは、飛鳥川の東岸に宮室と寺院を中心に形成された一定の範囲を指し、それは斉明天皇の時代に完成した。倭京は京とはいいながら、その内部に条坊《じょうぼう》制（東西道路・南北道路による空間整備）を伴わない、中国的な都城とは程遠いものであった。

天武天皇はなお、斉明天皇の後飛鳥岡本宮を引き継いだ飛鳥浄御原宮を拠点としており、あえて「新城」のなかに自身の居所をもとめようとしなかったのである。その意味で天武天皇の「新城」とは、倭国の在来の宮室の延長線上にあり、本格的な中国的都城とはいいがたいものであった。

それにしても、王宮とその周辺の空間整備が著しくすすんだことがわかる。「新城」とは、天武天皇のもとで官僚制が整備されて官人の数が増加したことにより、その居住スペースとして拡張・整備されたと考えられる。

林部均《ひとし》氏は、天武天皇が斉明天皇の後飛鳥岡本宮をそっくりそのまま継承し、飛鳥川の東岸に自身の王宮を新たに造営しなかったのは、天武天皇の王権がいわば簒奪王権であり、皇位継承の正当性を示す権威に乏しかったので、斉明天皇の政治路線の継承者であることを目に見える形であらわす必要があったからであると考えている（『飛鳥の宮と藤原京』

吉川弘文館、二〇〇八年）。

すでに述べたように、天武天皇の権力が武力によって略奪されたものであることはそのとおりである。だが、天武天皇が自身の行為を簒奪として、それゆえに権威や正統性において欠けるところがあることを容認していたとはおよそ考えがたい。天武天皇は自身の権力の正統性について、戦略的に企図するところがあったとみなすべきである（すでに述べたように、天武天皇は壬申の乱によって大友皇子から権力を奪取したとは認識していなかった）。

天武天皇が後飛鳥岡本宮を継承したのは、それが斉明天皇によって完成された倭京の中枢だったからにほかならない。天武天皇は倭京を受け継ぎ、それをもとにして新たに「新城」の建設に取り掛かったと理解すればよい。

天武天皇がはじめた史書編纂

天武天皇のもとで中国的な国家建設がはじまり、律令の編纂、都城の建設とくれば、つぎは史書（王朝の正史）の編纂である。すでに紹介したが、それは、『日本書紀』天武十年（六八一）三月丙戌《へいじゅつ》条に見える（七四頁参照）。

律令の編纂は天武天皇・持統天皇の命令によってはじめられたと『日本書紀』が明記す

るのに、史書編纂の開始を命ずる場面に持統天皇は姿をあらわさず、天武天皇のみが「大極殿」に出御し、「帝紀および上古の諸事」の筆録が命じられたことになっている。これが後年、『日本書紀』となって完成すると考えてよいであろう。

『古事記』序によれば、天武天皇みずからが記憶力の卓越した舎人稗田阿礼《ひえだのあれ》を相手に「帝紀・旧辞」の記定作業を行ったとされている。この作業がほんとうに行われたのか、すなわち、『古事記』序自体の信憑性の如何、また、天武天皇と阿礼による作業が実際に行われたとして、それと『日本書紀』編纂事業との関係はどうなのか、なお議論の尽きないところである。

いまは、『日本書紀』がその編纂開始の主体を天武天皇一人に限定しており、そこに持統天皇の介在する余地がないことを確認しておくにとどめざるをえない。ましてや、律令編纂はともかく、史書の編纂に関して言えば、天智天皇が出る幕はないといってよい。天智天皇と史書編纂との関わりは乏しく、せいぜい乙巳の変のおり、彼が船恵尺《ふねのえさか》から蘇我蝦夷によって焼かれようとしていた『国記《こつき》』（厩戸皇子と蘇我馬子が共同して編纂したという史書のうちの一つ）の献上を受けたという所伝があるくらいである。

「日本」王朝の正史という構想

さて、中国において王朝の正史は、一つの王朝が滅び去った後、新王朝の手によって編纂されるのが恒例とされていた。とすれば基本的に中国的な王朝の交替が起きなかった我が国においては、そもそも王朝の正史をまとめる歴史的な契機が欠けていたことになる。それにもかかわらず、天武天皇の時代に史書の編纂がはじめられたのは、律令の編纂、都城の建設など、中国的な国家の建設が着手されたことが契機となったと考えられよう。

これは、およそ四十年の後に『日本書紀』となって結実することになる国家的な事業であり、我が国最初の本格的な史書とされる『日本書紀』は、まさに「日本」という名の王朝の正史というべきものだったのである。それは書名からも明らかであろう。『続日本紀』養老四年（七二〇）五月癸酉《きゆう》条はつぎのように記す。

これより先、一品《ぽん》の舎人親王は、勅命を奉じて『日本紀』を撰修した。それがこのたび完成したので、元正《げんしょう》天皇に献上した。『紀』三十巻と「系図」一巻である。

舎人親王は天武天皇の皇子で、彼が総裁となって編纂された史書が、この日、天武天皇から見れば孫にあたる元正女帝に献じられたのである（このように、史書あるいは律令といった国家的な編纂事業の総裁には、たとえ名誉職的な存在とはいえ、舎人親王クラスの皇族が任命された。この例から見ても、「皇太子」草壁皇子が律令編纂事業の名誉総裁を務めた可能性は否定できない)。「『系図』一巻」が付録としてあったらしいが、これは残念ながら失われてしまっている。

中国における正史は、通常、皇帝の年代記的な記録である「紀(本紀)」、テーマ史というべき「志」、そして、王朝の歴史を彩った個々人の伝記としての「伝」によって構成された。『日本書紀』とは、『日本書』の「紀」だったのではないかと考えられる(前掲、三浦佑之『古事記のひみつ』など)。

たとえば、『日本書紀』には、仁徳天皇が「聖帝」と讃えられ、他方、その子孫である武烈天皇がとんでもない「暴君」とされていることから、仁徳天皇にはじまり武烈天皇に終わる王朝、すなわち交替の可能性をもつ王朝の存在を前提にした叙述が見られる(拙著『天皇誕生——日本書紀が描いた王朝交替』中公新書、二〇〇一年)。

また、すでに本書でも触れたように、若き日の天智天皇が王朝の簒奪を企む蘇我蝦夷・入鹿父子の野望を粉砕し、王朝を再興するという筋書も見られた。ところが、天智天皇の晩年にはその尽力によって再興された王朝も、奸臣の台頭のせいで滅亡に瀕していたことが強調されて描かれていた。

以上のように『日本書紀』には、史実とはまったく別次元において、中国における王朝の存在を前提にした設定や叙述が見られる。いわば、中国における歴史の書きかた、あるいは作りかたを忠実に模倣して自国史を組み立てようとしているのである。中国の歴史叙述がもともと王朝の存在を所与の前提にしていたので、それは避けられないことだったのであろう。

6 称制――「皇子大津を訳語田《おさだ》の舎《いえ》に賜死《みまからし》む」

天武天皇、病に倒れる

以上見てきたように、天武天皇による律令の編纂、都城の建設、そして国史の編修は一定の成果をあげていた。しかし、いずれを取っても未完成の段階だったにもかかわらず、皮肉なことに天武天皇に死期が迫りつつあったのである。天武十四年（六八五）十一月、胃薬として用いられる白朮《おけら》が美濃国から献上されていることから見て、天武天皇は胃病に苦しんでいたものと思われる。

『日本書紀』朱鳥《あかみとり》元年（六八六）七月癸丑《きちゆう》条はつぎのように記す。

天武天皇は勅して、「天下の政については、皇后（持統天皇）と皇太子（草壁皇子）に大小を問わずにすべて伺いを立てるように」と仰せになられた。

天武天皇の病は悪化し、ついに政務を見ることも困難になったのである。持統天皇と草壁皇子に天皇権力の代行が命じられた。持統天皇による称制の開始である。これにより、彼女は事実上の天皇になったに等しい。だが、後述するような事情があって、正式な即位は延引することになったと考えられる。

なお、草壁皇子は、『日本書紀』が記すとおりに皇太子として「天下の政」に関与したのではない。あくまで持統天皇に次ぐ皇位継承資格者として、いわば持統天皇の次期天皇候補として、その輔佐にあたることになったとみなすべきであろう。

同年九月九日、ついに天武天皇は飛鳥浄御原宮で長逝した。享年は知られていない。

陥れられた？大津皇子

持統天皇による称制下、一大事件が発覚する。皇位継承順位第三位、大津皇子の謀反である。『日本書紀』朱鳥元年九月辛酉《しんゆう》条は、天武天皇の没後十五日目（九月二十四日）、大津皇子につぎのような不穏な動きがあったことを記す。

南庭の殯宮《もがりのみや》において発哀した。この時、大津皇子は皇太子（草壁皇子）に危害を加えようと企んだ。

『日本書紀』持統称制前紀はつぎのように事件の発覚を伝えている。

十月の戊辰《ぼしん》の朔《さく》、己巳《きし》の日に、皇子《みこ》大津《おおつ》の謀反（天皇またはそれに準ずる人に対する殺人予備罪）が発覚した。皇子大津を逮捕するとともに、皇子大津に欺かれた直広肆《じきこうし》の八口《やくちの》朝臣《あそん》音樫《おとかし》、小山下《しょうせんげ》の壱伎連博徳《いきのむらじはかとこ》、大舎人の中臣朝臣臣麻呂《なかとみのあそんおみまろ》、巨勢朝臣多益須《こせのあそんたやす》、新羅《しらぎ》の沙門《ほうし》行心《こうじん》、それに帳内《とねり》の礪杵道作《ときのみちつくり》ら、三十余人を捕えた。

十月二日に大津皇子は逮捕され、早くも翌日には処刑が行われた。

庚午《こうご》の日に、皇子大津に訳語田《おさだ》の舎で死を賜った。時に年二十四。妃の皇女山辺《やまのへ》は髪を振り乱して、裸足で駆けつけて夫の後を追ったので、その場にいた者は誰もがすすり泣いた。

つぎは同月二十九日のことである。

丙申《へいしん》の日に、詔があって、「皇子大津が謀反した。官吏や従者たちが欺かれたのは、いたしかたのないことであった。いま、元凶たる大津は滅び去った。従者で大津に連坐すべき者であっても、すべて赦すことにいたす。ただ、礪杵道作のみは伊豆国に流罪とする」と仰せになった。また、詔して、「新羅の沙門行心は、たしかに皇子大津の謀反に加担したが、朕としては彼に刑を科すのは忍びがたい。飛驒《ひだ》国の寺に移すことにいたす」との仰せがあった。

逮捕された大津皇子がその翌日に処刑されたにもかかわらず、三十余人という共犯者への処分はきわめて軽いものであった。また、大津皇子に謀反を勧めた僧行心も飛驒国の寺院に移されただけで、あまりに寛大に過ぎる処分である。「朕としては彼に刑を科すのは忍びがたい」という持統天皇の言葉もじつに歯切れが悪い。

あたかも、「元凶」大津皇子を抹殺すれば事足りるといわんばかりの処置といえよう。この点から見る限り、たしかに大津皇子は何者かの謀略に陥れられたとみなすのが妥当のように思われる。

持統天皇の執念？

この事件については、草壁皇子を偏愛し、その即位に固執する持統天皇による謀略というのが通説化している。大津皇子の容疑は事実無根であり、あくまでも彼は陥れられたにすぎないというわけである。たとえば、直木孝次郎『持統天皇』（吉川弘文館、一九六〇年）は、つぎのように述べる。

果して大津は、本当に謀反を企てたのであろうか、大津をおとしいれるための、大きな陰謀が仕組まれたのではなかろうか、という疑惑を禁ずることができない。

また、大津皇子と石川女郎《いらつめ》との結婚を占いによって明らかにしたという、陰陽師の津守《つもりの》連通《むらじとおる》（『万葉集』巻第二、一〇九番歌）をめぐって、直木氏はつぎのとおり推理する。

恐らく彼（津守通。引用者註）は密偵を使って大津の動静をさぐっていたのであろう。それを通《とおる》に命じたのは、鸕野皇后側の誰か、あるいは皇后自身であるかもしれない。とすれば、大津は天武朝の末年には、皇后・皇太子側の敵意にみちた監視下におかれていたのである。

天武天皇死去の前後、大津皇子は、草壁皇子の地位を脅かす潜在的な敵として持統天皇にマークされていたというわけである。倉本一宏氏もやはり、持統天皇の謀略を想定している（『持統女帝と皇位継承』吉川弘文館、二〇〇九年）。

しかし、草壁皇子の成長を待っている間に死んでしまいそうなのは、大津皇子よりも健康状態に不安のある草壁皇子の方だったのであり、そこに草壁皇子の即位を望む鸕野皇后のジレンマがあった。その閉塞状況を一気に打開しようとしたのが、いわゆる「大津皇子の変」である。

倉本氏は、先に見たように、壬申の乱の首謀者をめぐってもそうであったが、持統天皇自身が草壁皇子の即位を強く望んでいたという前提に立っている。だが、草壁皇子の即位の可能性とは、たんに持統天皇の個人的な意思や執念によるのでなく、王権のもとに結集した支配者層の多くの賛同と支持を得られるものだったはずである。

さらに倉本氏は、大津皇子の容疑について以下のように考えている。

大津皇子が実際に鸕野皇后、もしくは草壁皇子を害そうとして軍事的な陰謀を計画していたとは考えられない。

九月二十四日に起こり得たことというと、後の殯宮儀礼の様子から考えて、鸕野皇后が草壁皇子主導の殯宮儀礼を執行することを発表し（それは草壁皇子を後継者に決定したことの披露でもある）、それに対して大津皇子が人前、おそらくは私的な宴席か何かにおいて不満を述べた、という程度のことであろう。

「九月二十四日」とは、大津皇子が殯宮において草壁皇子を殺害しようと企てたとされる日である。それにもかかわらず、大津皇子の容疑が私的な宴席での失言であったとするのは、明確な根拠を欠いており、理解に苦しむ。いかに緊迫した情勢下にあったにせよ、失言・放言程度で命を奪われるとは考えにくいであろう。

持統天皇は簒奪者

他方、義江明子「古代女帝論の過去と現在」(『岩波講座 天皇と王権を考える』7「ジェンダーと差別」所収、岩波書店、二〇〇二年)は、上記した直木氏や倉本氏とはおよそ異なる事件像を考えている。義江氏によれば、持統天皇は愛する息子のためではなく、自分自身のためにに、あえてその手を血で汚したというのである。

皇太子制の成立は軽皇子(文武)からというのが、近年のほぼ一致した見解である。草壁が明確な皇位継承者の地位にはなかったとしたならば、「皇太子への謀反」は成立しない。持統の即時「称制」(正式即位以前の実質統治)をそのまま事実として認めるならば、持統への「謀反」ということになるが、はたしてそうか。

義江氏のいうとおり、皇太子制の成立は草壁皇子没後のことである。しかし、だからといって、草壁皇子に明確な皇位継承権がなかったと考えるのは間違いであろう。草壁皇子は持統天皇に次ぐ皇位継承資格者であった。さらに義江氏は述べる。

持統は先帝天武の殯の間に、激しい後継争いの先手を打って大津（母は天智の娘で、持統の同母姉妹）を倒し、他の天武諸皇子を押さえ、王権を奪取したのではないか。

持統を王権簒奪者と見なすことは、その即位の正統性を疑うことを意味しない。六〜七世紀の王位継承の歴史を見れば明らかなように、倭王権の王者の地位は、血統上の資格を持つ有力候補者群の中から実力で勝ち取られてきた。奪い取るだけの資質・実力のあるものが、群臣に推され承認されて大王となったのである。その意味で壬申の乱で王権を奪取した天武と同様に、持統はまぎれもなく正統な王者だったというべきなのである。

義江氏によれば、大津皇子は持統天皇をターゲットにしていたのであり、持統天皇はその攻撃からわが身を守るために大津皇子を陥れたという。だが、『日本書紀』は、大津皇子が草壁皇子の殺害を企図していたと明記しているのをどのように理解するのであろう。

また、義江氏が、六〜七世紀の皇位継承をあたかも有資格者による実力勝負で決するかのように理解しているのは疑問である。剝《む》き出しの暴力だけで、権力は一瞬たりとも維持できるものではあるまい。その点、持統天皇が天武天皇と同様に、単純な意味での簒奪者であったとするのは誤りである。天武天皇や持統天皇は、たとえ自分たちが権力を略奪したとしても、その事実をみとめることなど絶対にありえなかったはずだからである。義江氏の言葉を借りるならば、簒奪者は簒奪者のままでは決して正統な王者たりえない。

持統天皇に明確な動機はあったか？

直木氏や倉本氏のいうように、大津皇子を陥れたのはほんとうに持統天皇その人だったのであろうか。はたして持統天皇自身にそのような明確な動機があったといえるであろうか。

持統天皇は是が非でも、草壁皇子を天皇にしようと考えていたといわれるが、何よりも、この点こそが問題ではあるまいか。

すでに述べたとおり、草壁皇子の皇位継承権（持統天皇に次ぐもので、皇子たちのなかでは第一位となる）は天武八年（六七九）五月の吉野盟約によって確定されたのであり、それは持統天皇の個人的な意思や執念によって決まったわけではなかった。これまでのように、持統天皇の母親としての妄執を強調しすぎるのは誤りであろう。

草壁皇子の皇位継承上の優位は、天智天皇と天武天皇の両方の血を受け継ぐという特殊な血統的条件によって決定された。それは、そのような特別な条件をそなえた皇子を今後は天皇にすべきであるという支配者層の合意に支えられているのである。天武天皇の皇后であり、草壁皇子の実母である持統天皇がその力にものをいわせ、あるいは種々の根回しを尽くすなどして、実現したものではありえなかった。

以上のように理解するならば、大津皇子を陥れた真犯人を直ちに持統天皇と決めつけることはできないと思われる。ただ、大津皇子を陥れたのが持統天皇だったとしても、それが彼女の草壁皇子への偏愛によるものではなかったことは明らかである。

大津皇子は無実にあらず

この事件に関して、これまでほとんど検討されてこなかったのは、大津皇子が謀略に陥れられた一方的な被害者だったという点ではないだろうか。義江氏だけがこの点に鋭い疑問を投じたといえよう。

当時の皇位継承において、持統天皇の次期天皇は草壁皇子と決まっていた。大津皇子はかつて草壁皇子の次位であったが、天武十二年（六八三）に草壁皇子のもとに珂瑠《かる》皇子（後の文武天皇）が誕生したことによって、その地位を脅かされつつあった。大津皇子の即位の可能性は大きく減退することになったのである。

この点を考慮するならば、大津皇子が草壁皇子の殺害を企図していたとする『日本書紀』の記述は見逃せない。実際に、大津皇子は草壁皇子を亡き者にすることにより、自身を一挙に持統天皇の次期天皇候補に押し上げようと企てたのではなかろうか。もしも、持統天皇が大津皇子を陥れるのに関与していたとすれば、それは、大津皇子の野望を挫《くじ》き、すでに確定されている皇位継承順位を守りぬくためであったにちがいない。大津皇子は決して、何もしていないのに罪に問われたわけではなかったのである。

すでに述べたように、草壁皇子には阿閇皇女（後の元明天皇）、大津皇子に山辺皇女、高市皇子に御名部皇女というように、天武天皇の皇子たちにはそれぞれ天智天皇の皇女たちが配偶されていた。とくに草壁皇子と大津皇子は、彼ら自身が天武天皇と天智天皇の皇女という近親結婚によって生まれた皇子であったから、彼らがさらに天智天皇の皇女と結婚するというのは、より特別な血統をもった皇子をこの世に生み出すという特別な意図があったと考えられる。

天皇という「不老不死の象徴」「永遠の生命を保持する稀有な御方」の意味をもつ君主号が採用されたことによって、天皇たる者の資格として、ますます特殊な条件がもとめられるようになった。すでに天皇には近親結婚による特殊な血統が選出条件として重視されつつあったが、その血統的条件にさらなる特殊性が要請されることになったのである。

だから、もしも草壁皇子・阿閇皇女夫妻よりも先に、大津皇子・山辺皇女夫妻に皇子が誕生していれば、草壁皇子と大津皇子の立場は大きく逆転したのではないだろうか。少なくとも、天武天皇が没した直後に、大津皇子が既得権を回復するために無謀な行動に走ることはなかったであろう。

7　吉野宮行幸──「大君は神にしませば」

初代天皇になるために

天武天皇が称した天皇が、彼一代限りの個人的な称号であったとすれば、それがその後も受け継がれていき、今日までつづいているということは、天武天皇の後を襲った持統天皇が、天皇号の継承と存続に対して一定の役割を果たしたことを想定させる。

持統天皇が天武天皇に次いで天皇になるということは、天皇を個人的な称号ではなく、代々世襲されていく恒久的な地位に転換することを意味した。それが成功すれば、彼女はたんなる二人目の天皇ではなく、代々受け継がれていく天皇の初代に位置することになるのである。

天武天皇の没後、持統天皇が直ちに即位することなく、称制を行わざるをえなかったのもその点に関わると考えられよう。彼女は正式な即位に先立って、さらに即位した後も、天皇をたんなる個人的な称号ではなく、世襲するに足りるたしかな君主号に高めねばならなかったのである。

通説がいうように、持統天皇が直ちに即位しなかったのは、草壁皇子が即位するタイミングを見計らっていたからというのは疑問である。すでに述べたように、草壁皇子は、持統天皇の次期天皇に決まっていたが、持統三年（六八九）四月に二十八歳で急逝する。

だが、当時の推測される平均寿命からすれば、二十八歳というのは決して若死にとはいえない。したがって、このことから草壁皇子が生来病弱であり、そのために持統天皇は正式な即位を先延ばしにしていたと考える必要はまったくない。

持統天皇の正統性の証し？

持統天皇が天皇を天武天皇の個人的な称号から大きく転換させるために行ったのは、正式な即位に先立って開始した吉野宮への行幸であったと考えられる。

持統天皇は持統三年（六八九）正月を最初にして、同年のうちにもう一回、持統四年（六九〇）正月の正式な即位以後、在位中に二十九回、そして、譲位後の太上天皇時代に一回、計三十二回も吉野宮に行幸している。なぜこれほどまでに頻繁に吉野を訪ねる必要があったのであろうか。

壬申の乱の前夜、亡夫天武天皇とともに過ごした思い出の地を訪ねるためであったとする俗説は問題にならない。持統天皇は天皇として在位中に吉野宮を訪れているわけであるから、それは純然たる公務であり、天皇の地位に関わる政治的な行為であったにちがいない。

吉野宮は、持統天皇から見れば祖母にあたる斉明天皇によって造営された。吉野という場所を王権の聖地として開いたのは、斉明天皇だったのである。

天武八年（六七九）五月、この吉野宮において天武天皇・持統天皇と六人の皇子たちによって盟約が交わされた。すでに述べたように、持統天皇の即位資格が確定したのはこの儀式においてであった。したがって、彼女が正式な即位を前にして、吉野宮を訪れ、自身の即位の正統性を確認・誇示するということはありえないことではない。だが、そうであったとしても、即位前にせいぜい数回、吉野宮を訪れればすむことであったにちがいない。

それにもかかわらず、持統天皇が在位中にあれほど頻繁に吉野宮に足をはこんだのは、天皇としての彼女自身のためというよりも、彼女が就任しようとしている天皇という地位それ自体に関係があったためと考えたほうがよいであろう。

永遠の生命力を身につけるために

すでに述べたように、天皇とはもともと道教における最高の神格の一つであった。天皇という漢語は、「不老不死の象徴」というべき意味をもっていた。それに付せられた和語「すめらみこと」は「この世でもっとも清浄な特別な御方」「あらゆる穢れから超越した状態にある稀有な御方」を意味した。

「穢れ」が「気枯れ」、すなわち「生気や生命力が減退し、消滅しつつある状態」を指すとするならば、「穢れ」の対極にある、あるいは「穢れ」を完全に超越しているとは、永遠の生命力を保持しているということにほかならない。要するに、漢語の天皇もその和語「すめらみこと」も、「永遠の生命をもつ、この世に稀有な御方」という、まったく同じ意味をもっていたと考えられるのである。

だが、永遠の生命をもつはずの天皇天武は、病という「穢れ」に汚染され、そればかりか死という紛れもない「穢れ」に身を没してしまった。天皇という称号を将来にわたって長く受け継いでいくためには、天皇たる者が永遠の生命を保持する存在であることを示さねばならなかったのである。それは、天皇の宗教的な権威を確立することにほかならない。

斉明天皇によって本格的に開発された吉野は、不老不死の仙薬たる水銀の鉱床があることにより、「神仙郷」とみなされていた。吉野の空気を吸い、吉野の水を飲み、吉野の鳥獣や果菜を口にすることが、そして、何よりもそれを何度もくりかえすことが、永遠の生命力をその手にすることと信じられていた。

ほかでもない、持統天皇自身が一、二回ではなく、何度もくりかえし吉野宮への行幸を行ったのは、「神仙郷」において不老不死のパワーを身につけるというねらいがあったのである。吉野行幸はくりかえすことにこそ意義があった。それは、天皇が永遠の生命力をもつ宗教的に特別な存在であることをアピールすることであり、持統天皇がその初代となるためには、是非とも果たしておかねばならないことだったといえよう。

このように、持統天皇が天皇の宗教的な権威を確立するために吉野宮へ頻繁に行幸したことによって、彼女自身が天皇としては、吉野宮を造営し吉野を聖地として開いた祖母斉明天皇に連なるという意識を生むことになったと考えられる。持統天皇の父天智天皇は斉明天皇の子であり、持統天皇の夫である天武天皇も斉明天皇の子であった。だから、天智天皇も天武天皇も、斉明天皇と持統天皇とを繋ぐ位置にあった。しかし、結果的にいって、持統天皇は、斉明天皇から権力を直接継承した亡父天智天皇を介して斉明天皇に連なるという立場をえらぶことになるのである。

「天皇は神である」という新言説

天皇の宗教的な権威を確立するには、吉野宮への行幸だけでは十分ではなかった。そもそも、どうして天皇が不老不死でありえるのかを説明する必要があったからである。天皇たる者も生身の人間であるから、病気や死は免れがたい。そこで、天皇の身に降り掛かる病や死が「穢れ」とは一切関係がない、それとは次元が異なることを説明する必要があった。それが、「大君《おおきみ》は神にしませば」という歌だったのではないかと考えられる。

『万葉集』に「大君は神にしませば」ではじまる歌はつぎの六首が収載されている（括弧内は作者）。

①『万葉集』巻第二、二〇五番（置始東人《おきそめのあずまひと》）
大君は　神にしませば　天雲の　五百重《いほへ》の下に　隠りたまひぬ
（弓削皇子《ゆげのみこ》は神であらせられるので　幾重にも重なった　あの雲のなかにお隠れになられた）

②『万葉集』巻第三、二三五番（柿本人麻呂《かきのもとのひとまろ》）
大君は　神にしませば　天雲の　雷の上に　廬《いほ》らせるかも
（持統天皇は神であらせられるので　はるかな天雲のなかで轟く雷　さらにその上に
庵を造られたほどだ）

③『万葉集』巻第三、二三五番（柿本人麻呂）の異伝
大君は　神にしませば　雲隠る　雷山《いかずちやま》に　宮敷きいます
（神であらせられる忍壁皇子《おさかべのみこ》　雲に隠れるあの雷山に　御殿をお建てになられたこと
よ）

④『万葉集』巻第三、二四一番（柿本人麻呂）
大君は　神にしませば　真木の立つ　荒山中《あらやまなか》に　海を成すかも
（長皇子《ながのみこ》は神であらせられるので　たとえ真木の繁り立つ荒々しい山中にも　海をお
作りになってしまわれる）

⑤『万葉集』巻第十九、四二六〇番（大伴御行《おおとものみゆき》）

大君は　神にしませば　赤駒《あかごま》の　腹這《はらば》ふ田居《たゐ》を　都と成しつ
（天皇は神であらせられるので　赤駒が腹這《はらば》うほどの泥田であろうと　そこに都をお造りになられる）

⑥『万葉集』巻第十九、四二六一番（作者未詳）
大君は　神にしませば　水鳥の　すだく水沼《みぬま》を　都と成しつ
（神であらせられる天皇　水鳥が集まる沼地であろうとも　そこに都をお造りになる）

「大君は神にしませば」の歌は、⑤⑥から天武天皇の絶対性を讃美するものであったといわれている。しかし、⑤は文武五年（七〇一）正月に没した大伴御行の作とされているが、⑥とともに天平勝宝四年（七五二）二月に大伴家持《やかもち》によって採録されたものであり、⑤⑥の「天皇」が天武天皇を限定して指すかどうかは断定しがたい。むしろ、飛鳥川の東岸に形成された倭京に君臨した天皇たち（具体的には斉明天皇、天武天皇、持統天皇）を讃えた歌であり、天武天皇はあくまでそのような天皇の一人にすぎない。
②は持統天皇（大宝二年〈七〇二〉没）を讃えた歌であり、①は弓削皇子（文武三年〈六九

九〉没）、③は忍壁皇子（慶雲二年〈七〇五〉没）、④は長皇子（和銅八年〈七一五〉没）をそれぞれ讃嘆した歌である。いずれも、七世紀末から八世紀初頭にかけて作られた歌ということになる。

②③④の作者が、持統天皇の御用歌人とされる柿本人麻呂であることから考えると、天武天皇の没後、持統天皇が人麻呂に命じて、これらの歌を作らせた可能性が高い。

従来、天皇やその一族は「天孫《あめみま》」といわれ、高天原という天上の世界に君臨する「天神《あまつかみ》」の子孫とみなされていた。あくまで神の末裔《まつえい》であって、神そのものではなかったのである。ところが、これらの歌では、「天皇や皇族が神の子孫である」という旧来の言説からさらに一歩ふみ込んで、「天皇や皇族が神そのものである」と歌われていることが注意を引く。

この新しい思想が鼓吹《こすい》されることによって、天皇や皇族の病や死は「穢れ」に満ちた一般の病や死とは異なり、「穢れ」とはおよそ無縁な神の病であり死であると説明されることになるのである。これは大きな思想的転換といえよう。

そして、ついに持統天皇は正式な即位の日を迎えることになる。それは、『日本書紀』持統四年（六九〇）正月戊寅朔《ぼいんさく》条につぎのように記されている。

物部麻呂朝臣《もののべのまろのあそん》が大楯を建てた。神祇伯《かんづかさのかみ》の中臣大嶋朝臣《なかとみのおおしまのあそん》が天神寿詞《よごと》を読んだ。それが終わると、忌部宿禰《いんべのすくね》色夫知《しこぶち》が神璽の剣・鏡を皇后に献上し、ここに皇后は天皇の位にお就きになった。公卿や百寮はいっせいに拝礼し、手を拍った。

神野志隆光氏によれば、神祇令が規定するのと同じスタイルの即位が持統天皇によってはじめて実現されたと『日本書紀』はいおうとしているとする。持統天皇に至って、文字の文化国家として、世界が運行される水準が作り上げられたと『日本書紀』は語ろうとしているという（前掲、神野志隆光『複数の「古代」』）。

ここで確認しておきたいのは、従来もこれとほぼ同じような即位儀礼が行われていたのではなく、この即位儀は持統天皇という初代天皇の就任儀礼として創出されたものであったということである。たんに二人目の天皇ではない、初代天皇を生み出す儀礼は、これまでとはまったく異なるものでなければならなかったといえよう。

「新益京」の出現

その後、持統天皇のもとで例の都城建設はどうなったであろうか。『日本書紀』持統四年（六九〇）十月壬申《じんしん》条はつぎのように記している。

高市皇子が藤原の宮地の視察を行った。重臣たちや多くの官僚らがそれに供奉《ぐぶ》した。

同年七月に太政大臣に任命された高市皇子が、藤原宮の建設予定地を視察している。この宮地が、かつて天武十三年（六八四）三月に決定された場所と同じかどうかは不明である。だが、天武天皇の時代の「新城《にいき》」を受け継ぐ都城建設計画がふたたび動き出したことはたしかであろう。

つぎに、『日本書紀』持統五年（六九一）十月甲子《かつし》条によれば、

使者を遣わして新益京《あらましのみやこ》の地鎮祭を執り行わせた。

とあり、かつての「新城」は「新益京」の名でよばれている。「京」と呼ばれていることからいって、「新城」よりも中国的な都城に近づいていたようすがうかがえよう。

『日本書紀』持統六年（六九二）正月戊寅《ぼいん》条にはつぎのように見える。

持統天皇はみずから新益京の路を視察なされた。

これにより、「新益京」の内部が道路によって仕切られていることが明らかである。持統天皇が「新益京」のなかに設けられた藤原宮に遷《うつ》ったのは、持統八年（六九四）十二月のことであった。

「新益京」とは、「新たに付け足された都」の謂《いい》である。斉明天皇によって完成され、天武天皇が受け継いだ倭京に新たに付加して成った都城ということである。

かつての「新城」段階では、王宮（飛鳥浄御原宮）はその外部、「新城」東南部に位置する倭京の中心部に置かれていた。これでは、とても中国的な都城とはいいがたいであろう。それが「新益京」においては、その中心部に宮室（藤原宮）が設置されることになったのである。

その意味で、これを本格的な中国的都城とよぶことができるが、じつは中国の歴史において都城の中心部に王宮が設けられたことはなかった。それは、中国周代の理想的な政治の在りかたを記した『周礼《しゅらい》』の考工記、匠人営国条に見える、都城の理想像を示したものを実際に建設したものであった。古代中国人の脳のなかにのみ存在した都が、極東の島国にその姿をあらわしたことになる。

なぜそのような特異な都を建設することになったのであろうか。それは、後に持統天皇が譲位することになる文武《もんむ》天皇の存在と関わるのではないかと思われる。「新益京」造営の段階において、文武天皇が特別な天皇として将来即位することはすでに決まっていた。とすれば、「新益京」とはこの文武天皇のための都として造営されたとみなすことができよう。

それまでの日本列島にも、また同時代の中国にも存在しない、中国周代の理想的な都の在りかたを範としたのは、それが文武天皇という特別な天皇の政治的拠点たる都城として

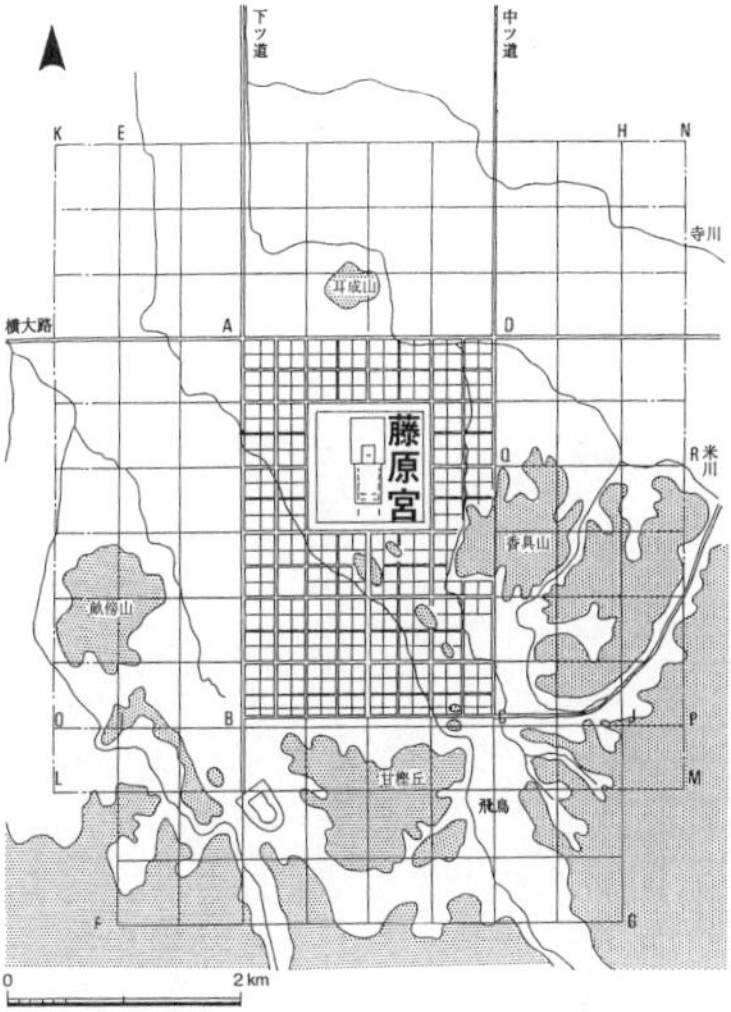

藤原京の復元
(前掲、林部均『飛鳥の宮と藤原京』より ABCD＝岸俊男説、EFGH＝阿部義平・押部佳周説、EIJH＝秋山日出雄説、KOPNまたはKOCQRN＝竹田正敬説、KLMN＝小澤毅・中村太一説

構想されたからにほかならない。

すでに述べたように、「新益京」のもとになったのは斉明天皇が完成させた倭京であった。吉野宮行幸に加えて、この点においても持統天皇は斉明天皇に連なるという意識をもつようになるのである。このように、持統天皇即位の前後に、「斉明天皇—天智天皇—持統天皇」という系譜意識が生まれたことに留意しておきたい。

8　アマテラス大神になった女帝——「天《あめ》に坐《ま》す神の依《よさ》し奉《まつ》り随《まにま》に」

譲位——文武天皇の擁立

天武が没した直後、大津皇子が処刑され、次いで草壁皇子が死去した後、持統天皇の後継者は珂瑠皇子《かるのみこ》、すなわち文武天皇と決まっていた。文武天皇は持統天皇には孫にあたったが、彼が天皇に擁立されたのはたんに祖母の強力な後押しがあったからではなかった。

文武天皇の擁立をめぐっては、つぎの『懐風藻《かいふうそう》』葛野王《かどののおおきみ》伝の記述が問題とされてきた。

太政大臣高市皇子が逝去した後、皇太后（持統天皇）は皇族・重臣を宮中に召され、皇太子擁立について諮られた。その時、群臣たちはそれぞれの私情によった意見を述べたため、議論は紛糾した。そこで葛野王は進み出て、「我が国の法によれば、神代より今日まで、子孫が相次いで皇位を継承することになっている。もし兄弟の順によって相続するならば、騒乱がこれより起きることは明らかなことである。天意を仰ぎ見て、それを推し測ることなどできようはずがあるまい。したがって、人間関係によって判断するならば、聖なる皇嗣はすでに決まったも同然である。いったいだれが異議を挟むことが許されようぞ」と仰せになった。弓削皇子はその座にあって、一言述べようとした。すると葛野王が弓削皇子を一喝し、その発言を封じてしまわれた。皇太后は王の一言が国の方針を決したことをお褒めになり、特別に正四位を授けて式部卿に任命なさった。

葛野王は、天智天皇の息子の大友皇子と天武天皇の娘である十市皇女《とおちのひめみこ》との間に生まれた。『懐風藻』の編者とされる淡海三船《おうみのみふね》は、葛野王の孫にあたる。その点を考慮するならば、葛野王伝に三船自身による祖父顕彰の跡がまったくないとはいえない。このような会議が召集されたことまで疑う必要はあるまいが、葛野王の発言や存在感がやや誇大に描かれていることは想定すべきであろう。

冒頭「皇太子擁立について諮られた」とあるように、これは史上最初の皇太子選出の会議であった。そのような会議が、持統十年（六九六）七月に高市皇子が没したのを機に開かれたとされている。

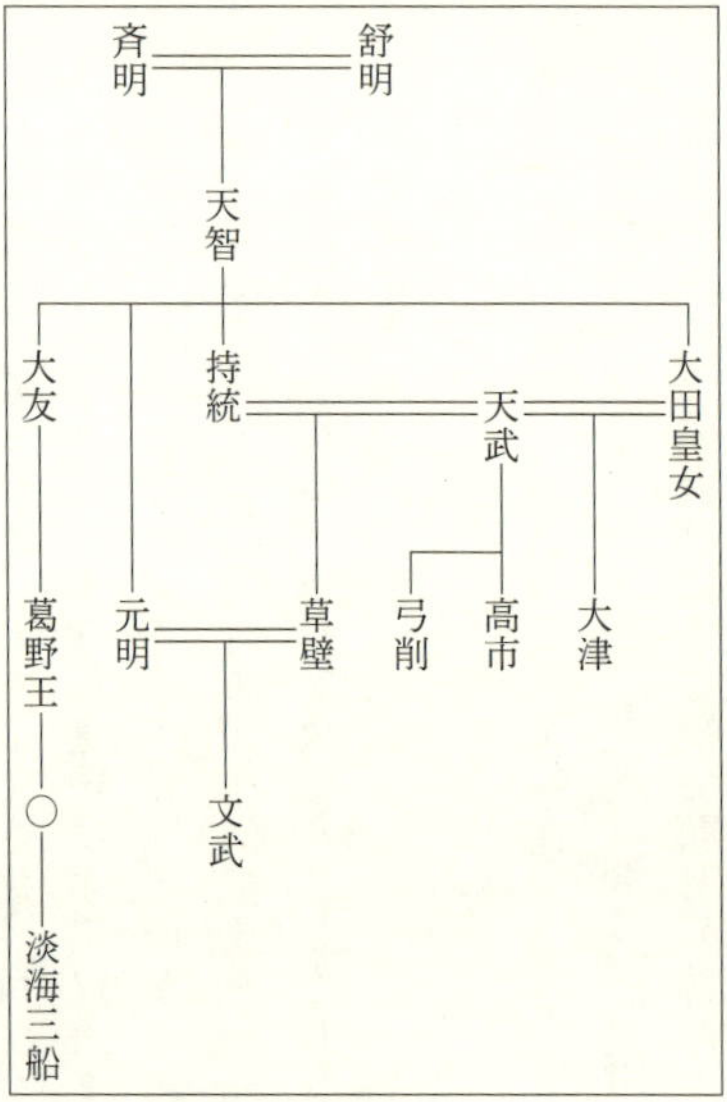

葛野王と弓削皇子の周辺

文中「人間関係によって判断するならば、聖なる皇嗣はすでに決まったも同然である」とあるように、持統天皇のつぎの天皇候補はすでに決定していたのである。それが文武天皇であった。

ただ、持統天皇がこのような会議を召集し、わざわざ群臣たちの合意を得ようとしたのは、文武天皇の擁立が、初代天皇たる持統天皇から二代目天皇の文武天皇への天皇位のはじめての世襲であったので、それにしかるべき権威を付与することが必要と判断されたためであったと考えられる。

「天においでになる神」からの委任

さらに、持統天皇から文武天皇への譲位は、神話的言説によって権威づけられ、説明された。それは、『続日本紀』文武元年（六九七）八月庚辰《こうしん》条に見える、文武天皇即位にあたり発せられた宣命《せんみょう》につぎのように見える。

……「高天原《たかまのはら》にはじまり、遠い先祖の天皇の御歴代から中頃・近年に至るまで、天皇の皇子がお生まれになるままに、相次いで大八《おおや》嶋国《しまぐに》をお治めになる順序ということで、天《あま》つ神《かみ》の御子《みこ》（アマテラス大神の子孫）として、天においでになる神のお授けになるとおりに、執り行ってきたこの天つ日《ひ》嗣《つぎ》・高御《たかみ》座《くら》の業《わざ》（天皇としての務めと使命）である」と、現《あき》つ御《み》神《かみ》（人の姿であらわれた神）として大八嶋国をお治めになる倭根子天皇《やまとねこのすめらみこと》（持統天皇）が、朕《われ》（文武天皇）にお授けになり、お負わせになられた、貴く高く、広く厚い大命を受けたまわり、恐れ慎んで、この食国《おすくに》天の下（天皇が支配し、特産物の献上を受ける国土）を調えて、平らかに統治し、天下の公民を恵み、撫で慈しもうと、神として思っていると仰せになる天皇の大命を皆々よく受けたまわるようにと申しわたす。

これによれば、持統天皇はアマテラス大神の子孫であり、「天においでになる神」から天皇権力を直接授けられたと称している。それをこんどは文武天皇に譲渡することになったといっているのである。

持統天皇は実際には天武天皇から権力を譲り受けたはずである。だが、ここでは天武天皇の存在はまったく無視され、代わりに「天においでになる神」が登場している。この「天においでになる神」とは、アマテラス大神やそれと同等の神格とされたタカミムスヒを指すのではないかと見られる。いずれにせよ、持統天皇の権力は、アマテラス大神やタカミムスヒといった神々によって権威づけられたのである。

天武天皇が姿を見せないのは、持統天皇こそが厳密な意味での初代天皇であり、その権力は「天においでになる神」からダイレクトに授かったものと考えられたからであろう。また、先に見たように、斉明天皇に連なる天皇という意識をもつ持統天皇にすれば、斉明天皇と彼女自身を繫ぐのは、斉明天皇から直接権力を継承した天智天皇であって天武天皇ではない、と認識していたからでもあろう。

これより数年後、この持統天皇から文武天皇への譲位は、天智天皇が制定した法（「不改常典」）によると説明されることになるのであるが、そのような言説が、まだこの段階では登場していないことにも留意しておきたい。

このように、譲位して史上最初の太上天皇となった持統天皇は、「天においでになる神」に近しい、それに直結する存在と目されるようになった。「天においでになる神」の代表というべき神がアマテラス大神であったことから、持統天皇は地上界のアマテラス大神というべき存在とみなされることになったといえよう。「高天原広野姫」という通称が生まれたのは、おそらく彼女の譲位後のことと考えられる。

さて、持統太上天皇がアマテラス大神であるならば、その息子アメノオシホミミは草壁皇子であり、アマテラス大神の孫（天孫）で地上に降臨して天皇家の始祖になったホノニニギは文武天皇ということになる。とすれば、アメノオシホミミと結婚してホノニニギを生んだタクハタチヂヒメは元明天皇（持統天皇の異母妹）ということになり、その父天智天皇こそはタカミムスヒにほかならないことになろう。

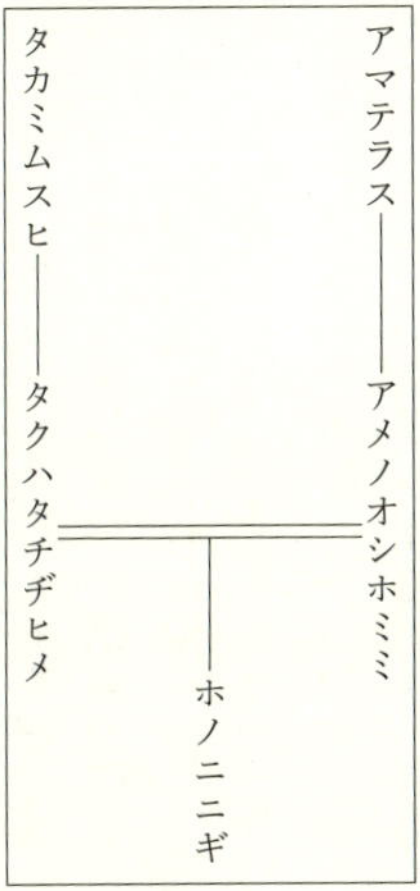

神々の系譜

天智の絶対化＝天武の相対化

持統天皇の譲位後、タカミムスヒに擬せられた天智天皇の権威の絶対化が本格的にはじまる。持統天皇は退位した後、およそ五年の歳月を生きるが、その間、太上天皇となった彼女は亡父天智天皇の権威の確立に力を尽した。

すでに第二章2節で見たように、文武三年（六九九）十月、斉明天皇陵と天智天皇陵が新たに造営されている。これは、「斉明天皇—天智天皇—持統天皇」という系譜意識を可視化してあらわそうとしたものにほかならない。現天皇である文武天皇を後見・輔佐する持統太上天皇の権威を正当化するものが何であるのかを、だれが見てもわかる形で表現しようとしたのである。

また、新たに造営された天智天皇陵の位置は、文武天皇の都城、「新益京《あらましのみやこ》」の中心にある藤原宮の中枢をなす建物、大極殿を基軸として決定された。それは、第一章で見たように、『日本書紀』の編纂を通じて、天智天皇が「天命開別」天皇、すなわち「中国的王朝の中興の祖」とされたことと関係がある。「王朝中興の祖」は宇宙を支配する天帝と近しい存在であり、それゆえ、その居所は北極星に住んだという天帝と同様に王宮から見て北方にあるべきと考えられたのであった。

このように、天智天皇陵の所在地を決めるのに、文武天皇の都城の中枢というべき藤原宮の大極殿が基軸とされたことにより、天智天皇と文武天皇とが強く結びつけられることになった。換言すれば、天智天皇が文武天皇の立場を正当化する権威ある天皇として改めて認識されるようになるのである。

これは、後年のことであるが、慶雲四年（七〇七）六月、文武天皇が亡くなり、翌月、その母元明《げんめい》天皇が即位するにあたり、持統天皇から文武天皇への権力の継承が、天智天皇の定めた「不改常典」によると説明されるようになるのは、このような認識を受け継いだものといえよう。結果的に天智天皇は、彼が制定したという「不改常典」を通じて、文武天皇の直系の子孫による皇位継承を正当化する権威ある存在に祭り上げられた。

持統天皇が亡父天智天皇の権威を絶対化することは、彼女の亡夫天武天皇の権威を相対化することにつながった。それは、「国忌《こき》」制度の導入の様相からもうかがうことができる。『日本書紀』持統天皇元年（六八七）九月庚午《こうご》条にはつぎのように見える。

国忌の斎会《さいえ》を京の諸寺でもよおした。

「国忌」とは、先帝の命日に国を挙げて供養のための法要を行うものである。これによれば、すでに早く天武天皇の命日である九月九日が「国忌」とされたと見える。「国忌」の語は追記の可能性も考えねばならないが、この段階ではまだ、天智天皇の命日は正式に「国忌」とはされていなかったようである。

その後、『続日本紀』大宝二年（七〇二）十二月甲午《こうご》条によれば、

勅して仰せられるには、「九月九日と十二月三日は、先帝の忌日である。この日は諸司においては廃務とするように」とのことであった。

と見える。「廃務」とは、「国忌」に伴い、天皇が政務を決裁せず、百官も一切の事務を行わないことを指す。ここに至り、天武天皇だけでなく天智天皇の命日である十二月三日も「国忌」に加えられたことになる。これは、持統天皇が亡くなるわずか二十日前のことであった。天智天皇の権威を絶対化することは、持統天皇にとって、その生涯の総仕上げとよぶにふさわしいものだったにちがいない。

これ以後、天武天皇も権威ある天皇としてひきつづき称揚されつづけてはいる。しかし、天智天皇・天武天皇と並べた場合、どちらがより傑出した存在と認識されたかといえば、それはやはり天智天皇だったのである。

大宝律令、ついに完成

すでに述べたように、いわゆる飛鳥浄御原令は試作品というべきものであり、それが諸

司に頒布された後も、令の編纂作業は律の選定と並行し継続して行われていたと考えられる。持統天皇はすでに退位していたが、文武天皇の治世になって、ようやくその編纂事業も大詰めの段階を迎えていた。

『続日本紀』文武四年（七〇〇）三月甲子《かっし》条はつぎのように記す。

文武天皇は皇族や臣下らに詔し、大宝令《たいほうりょう》の文を読み習わせ、また大宝律の条文を作成させた。

これは、この時までに大宝令の編纂が完了したので、こんどは大宝律編纂が仕上げの段階に入ったことを示している。『続日本紀』文武四年六月甲午《こうご》条は、これを機に編纂メンバーに対して褒賞が行われたことを伝えている。

浄大参《じょうだいさん》の刑部親王《おさかべのみこ》、直広壱《じきこういち》の藤原朝臣不比等《ふひと》、直大弐《だいに》の粟田《あわた》朝臣真人《まひと》、直広参の下毛《しもつけ》野《の》朝臣古麻呂《こまろ》、直広肆《し》の伊岐《いき》連博得《はかとこ》、直広肆の伊余部《いよべ》連馬養《うまかい》、勤大壱《ごんだいいち》の薩弘恪《さつこうかく》、勤広参の土部《はじべ》宿禰甥《おい》、勤大肆の坂合部《さかいべ》宿禰唐《もろこし》、務《む》大弐の白猪史骨《しらいのふひとほね》、追《つい》大壱の黄文《きぶみ》連備《そなう》・田辺《たなべ》史百枝《ももえ》・道君首名《みちのきみおびとな》・狭井《さい》宿禰尺麻呂《さかまろ》、追大壱の鍛造大角《かぬちのみやつこおおすみ》、進《しん》大壱の額田部《ぬかたべ》

連林《はやし》、進大弐の田辺史首名・山口伊美伎《やまぐちのいみき》大麻呂、直広肆の調《つき》伊美伎老人《おきな》らに勅命を下して、律令を選定させた。彼らに対し、その身分や功労に応じて禄を授けた。

その後、翌大宝元年（七〇一）三月には大宝令にもとづいて官職名と位号が改められ、四月には編纂メンバーの一人である下毛野朝臣古麻呂ら三人によって、親王・諸王をはじめ諸司の官人を対象に大宝令の講習会が開かれた。六月には道君首名が大安寺に赴き、大宝令のうち寺院・僧尼に関わる僧尼令《そうにりょう》の講釈を行っている。

そして、『続日本紀』大宝元年六月己酉《きゆう》条には、

文武天皇は詔して、「総じて、官庁における庶務は専ら大宝令にもとづいて行うようにせよ。……」と仰せになられた。

とあって、ここに大宝令の全面的な施行が宣せられたのである。

先にも紹介したが、『続日本紀』大宝元年八月癸卯《きぼう》条にはつぎのように見える。

三品の刑部親王、正三位の藤原朝臣不比等、従四位下の下毛野朝臣古麻呂、従五位下

の伊吉連博徳《いきのむらじはかとこ》・伊余部連馬養らに命じて選定させていた律令がようやく完成した。

……そこで身分や働きに応じて禄を授けた。

これは、大宝律の編纂が終了したので、関係者に対して禄が支給されたことを記している。大宝律は大宝令に遅れること約一年で完成の日を迎えたのである。

翌大宝二年（七〇二）二月、大宝律がはじめて天下に頒布される。七月には、内外の文官・武官に大宝令の読習が課せられている。また、大宝律の講釈も行われた。そして、『続日本紀』大宝二年十月戊申《ぼしん》条には、

大宝律令を天下諸国に頒布した。

とあって、ついに大宝律令が名実ともに全面施行されることになったのである。その編纂開始から約二十年の歳月を要したことになる。

だが、持統太上天皇の死はおよそ二ヵ月後に迫っていた。彼女が亡夫天武天皇とともに開始した、彼女の後半生の課題というべき律令の編纂は、その死の直前にようやく完成を見たのであった。

先に、新たに造営する天智天皇陵の位置を決定するにあたって、天智天皇と文武天皇との間に接点が生じたと述べた。その結果、天智天皇は文武天皇にはじまる皇統を権威づける特別な存在とされるようになった。こんどは、文武天皇の治世に大宝律令がようやく完成したことをとらえて、律令編纂の起点も天智天皇の治世にもとめられることになった。

天智天皇の権威が段階を経て絶対化されてきたプロセスを見てきたが、ついに律令国家のパイオニアとしての天智天皇像が誕生するにいたったのである。

平城遷都への射程

持統太上天皇は大宝二年（七〇二）十二月二十二日に世を去る。その亡骸は、翌年十二月に火葬され、天武天皇が眠る大内山陵（野口王墓古墳）に埋葬された。

そして、文武天皇が亡くなるのは持統太上天皇の死から約五年後のことであった。その後を襲った文武天皇の母元明天皇によって、「新益京」から平城京への遷都が実施されることになる。

細かくいえば、元明天皇が即位した慶雲四年（七〇七）七月以前、すでに早く同年二月、文武天皇の在世中に遷都のことが議せられている。そして、平城遷都の詔が発せられるのは翌和銅元年（七〇八）二月のことであるが、新都建設の計画自体は文武天皇の時代に立ち上がっていたとみなしてよい。

すでに見たように、「新益京」が特殊な血統をそなえた特別な天皇たる文武天皇の都城として造営されたことを思えば、平城京はその文武天皇の正統な後継者とされた首皇子《おびとのみこ》、後の聖武《しょうむ》天皇のための都城として企画・構想された可能性が高い。聖武天皇が生まれたのは大宝元年であり、当然のことながら、持統太上天皇はこの文武天皇の後継者の誕生をその目にしている。とすれば、これは大胆な推測になろうが、持統太上天皇自身によって「新益京」に次ぐ中国的な都城の建設は、すでに早く政治日程に上っていたと考えてもよいのではないだろうか。

平城京が聖武天皇とその皇統の都であったことは、当初は聖武天皇との繋がりによって天皇になった桓武《かんむ》天皇（天智天皇の曾孫であるが、聖武天皇の孫娘の婿にあたった）が、聖武天皇との繋がりを気にしなくてもよくなると、手のひらを返すかのように、平城京と訣別を宣し、長岡京、さらには平安京へと遷都したことからもうかがえる（拙著『天平の三姉妹』中公新書、二〇一〇年）。

持統による天皇号の始用を機に着手された事業、律令の編纂、都城の建設、そして正史の編修であるが、最後の正史編修のみは次代への宿題となった。それが『日本書紀』として完成を見るのは、持統太上天皇の死からおよそ十八年も後のことである。それも出来上がったのは『日本書』の紀（本紀）だけだったことは、中国の歴史叙述を真似てはじめて自国史をまとめることが、いかに困難に満ちた事業であったかを物語って余りあるであろう。

終章　持統天皇の〈古代史〉

まったく別人――二つの天智天皇像

本書で述べてきたことは、古代にはまったく相反する二つの天智天皇像が存在したということである。両者の相違は、天智天皇が二人いたといってよいほどの違いであった。

一人の天智天皇は、若き日から王権の軍事を担いつづけた、いわば〈武の人〉である。とくに蘇我蝦夷・入鹿を滅ぼして王朝交替を阻止し、中国的な王朝を再興した英雄的な人物とされていた。いうまでもなく、『日本書紀』に登場する天智天皇である。ところが、『日本書紀』によれば、天智天皇によって再興されたはずの王朝は、奸臣の台頭を許してしまったために、天智天皇の死の前夜、何と滅亡の危機に瀕していたと描かれている。

いま一人の天智天皇は、青年時代から藤原鎌足とともに一貫して律令国家の建設に邁進《まいしん》した卓越した人物である。天智天皇はどちらかといえば、〈文の人〉とみなされている。

これは、まとまったものとしては、『鎌足伝』（『家伝』上）に描き出されたものである。ここには『日本書紀』に見られたような、中国的な王朝の存在を前提にした特徴的な叙述はほとんど見られない。

二つの天智天皇像の相違は、たんに天智天皇にそれぞれ別々の角度からスポットをあてたために浮かび上がってきた程度のものではない。『鎌足伝』は、明らかに『日本書紀』の記述を読み、それを参考にしているが、あえて『日本書紀』の天智天皇とは異なる人物像を描き出そうとしている。両者はまったくの別人、といっても差し支えないであろう。

それもそのはずであって、二つの天智天皇像はまったく異なる歴史認識を背景にしているのである。すなわち前者は、律令国家につながるような大きな改革が七世紀半ばの孝徳天皇の時代にあったとする歴史認識を前提にしていた。それに対して後者は、そのような大改革が行われたのは天智天皇の時代以降であったとする認識にもとづいている。

それにもかかわらず、これまでは天智天皇の人物像を考える場合、これら二つの天智天皇像を無批判に重ね合わせてきたのである。その結果、私たちの前に姿をあらわした天智天皇は、〈武の人〉であると同時に〈文の人〉であり、その実像とはおよそ懸け離れた、この世に実在した人物とはいいがたいものになってしまった。

このような従来の方法論の欠陥は、厳しく批判されねばならない。

天智天皇が「中国的な王朝の始祖」とされた理由

『日本書紀』の成立は養老四年（七二〇）であり、他方、『鎌足伝』が書かれたのは天平宝字四年（七六〇）とされている。両者の成立時期はこのように接近しているのに、どうしてそこに描かれた天智天皇像は大きく相違しているのであろうか。

それはもちろん、両者がそれぞれ拠って立つ歴史認識がちがうことにもとづくのであろう。だが、より直接的には、二つの天智天皇像には、そのような人物像をそれぞれ必要とした人物がいたことを想定せざるをえない。

森博達氏によれば、『日本書紀』のなかで天智天皇の活躍を記す部分はα群と分類され、その撰述時期は七世紀の後半から末葉、持統天皇の時代（六八六〜六九七年）と考えられている。この時期にいったいだれがこのような天智天皇像を欲したかといえば、それは持統天皇以外には考えがたいであろう。

『日本書紀』においては、天智天皇の没後、吉野宮に隠棲していた天武天皇は敢然と立ち上がり、天智天皇の王朝を蚕食していた奸臣たちを瞬く間に掃討し、その結果、天智天皇の王朝を復活させ、それを受け継いだと描かれている。持統天皇は、その夫に終始一貫寄り添い、つきしたがったとされているのである。

このように、わざわざ天智天皇による王朝の再興や、その王朝が奸臣のせいで滅亡に瀕していたことを強調して描かねばならなかったのは、天武天皇が壬申の乱を起こし、天智天皇によって後継者に定められていた大友皇子を殺害し、その権力を奪い取った事実を体よく隠蔽できないまでも、正当化するためにほかならなかった。いわば、天武天皇は天智天皇から正統に権力を受け継いだというデマゴーグを完璧なものにするために、天智天皇によって再興された王朝、それにもかかわらずふたたび滅亡の危機に瀕してしまった王朝という、日本史の現実からはまったく遊離した設定を必要としたのである。

持統天皇は、天武天皇が大友皇子を滅ぼして皇位を継承できた結果、皇后の座を手に入れ、そればかりか彼女自身も皇位継承権を得た。その意味で、持統天皇は大友皇子殺害に関して天武天皇と共犯関係にあった。亡夫天武天皇との稀代の犯行を隠し、それを正当化するためにも、彼女は「中国的な王朝の中興の祖」というべき天智天皇像を創り出さねばならなかったといえよう。

もちろん、天武天皇も生前において、これとほぼ同様の認識をもっていたのであろう。持統天皇はそれをふまえて、自身の前半生を正当化するために、『日本書紀』の天智天皇像を創出したのである。

いかにして「律令国家建設のパイオニア」は誕生したか

他方、「律令国家建設のパイオニア」という『鎌足伝』に描かれた天智天皇像の原型が形成されてくるのは、七世紀末から八世紀初頭にかけてであった。それはちょうど、持統天皇が文武天皇に譲位し、太上天皇として君臨した時期（六九七〜七〇二年）に相当した。

とすれば、この新しい天智天皇像は、持統太上天皇が必要としたのではないかと考えられよう。たしかに、おりしもこの時期、持統天皇は自身に課せられた使命を果たしていく過程において、天智天皇の権威を殊更にもち上げることになったのである。

まず、持統天皇は天武天皇が始用した天皇号を個人的な称号ではなく世襲される恒久的なものにするために、天皇の宗教的な権威を確立する必要があって、「神仙郷」たる吉野への行幸をくりかえした。また、彼女は天武天皇の建設しようとした「新城」を受け継ぎ、「新益京」を造営するにあたり、飛鳥川東岸に形成された倭京を基軸にした。

その結果、持統天皇は、自分が天皇としては吉野宮のみならず倭京を造営した斉明天皇に連なるという系譜意識をもつようになった。それは、第二の斉明天皇たらんとする意識でもあったといえよう。そして、斉明天皇と自身をつなぐ天皇としては、亡夫天武天皇ではなく亡父天智天皇をえらぶことになった。

それは、天智天皇が斉明天皇から権力を直接に受け継いでいた点を重視したからである。また、天武天皇がもともと皇位継承権をみとめられてはいなかったことを無視できなかったからでもあった。

以後、持統天皇は天智天皇の権威の絶対化（それは、天武天皇の権威の相対化でもあった）を推し進めていく。

新たに造営しようとした天智天皇陵の位置決定にあたっては、文武天皇の都城たる「新益京」の中枢をなす藤原宮の大極殿が定点とされた。それにより、天智天皇は文武天皇の権威を保証する存在とみなされるようになった（これが「不改常典」の起源）。さらに、文武天皇の治世にようやく大宝律令が完成・施行されたが、その律令編纂の起点も天智天皇にあるとされることになったのである。

ここに、文武天皇の直系の子孫による皇位継承を正当化し、律令国家建設のパイオニアとしての新しい天智天皇像が誕生する。『鎌足伝』に見られる天智天皇像は、その集大成版ということができよう。実際に律令編纂を開始したのは天武天皇と持統天皇の二人であったのだが、最終的にその栄誉は天智天皇に冠せられることになったのである。

新しい七世紀史へ

以上のように考えてくるならば、古代における二つの天智天皇像、換言すると、二人の天智天皇とは、畢竟、持統天皇の前半生の正当化のためと、彼女の後半生の課題遂行のプロセスで生み出されたといっても過言ではない。

天智天皇を中心とした七世紀の歴史は、いわば持統天皇の手で創られたものであった。終章のタイトルを「持統天皇の〈古代史〉」と称した所以である。

私たちはそれを真実の〈古代史〉と勝手に思い込んできたのである。だが、『日本書紀』の描く七世紀史を基本的に「実録」と考えてよいなどとは、もはや錯覚であり迷妄といわざるをえない。

今後はその点をふまえて、七世紀史を再構築していかねばならないであろう。本書はその出発点に立っている。

『日本書紀』が描いた天智天皇の生涯

年	事項
舒明13(641)	舒明天皇の大葬で王朝を再興する者として誄を奉ずる
皇極3(644)	中臣鎌足とともに蘇我氏による王朝乗っ取りを阻止しようと図る
皇極4(645)	蘇我蝦夷・入鹿を成敗し、王政復古（王朝の再興）を実現する 孝徳天皇を立て、その皇太子となる 王朝の存立を脅かす古人大兄皇子を討つ
大化2(646)	孝徳天皇の諮問に応えて皇祖大兄御名入部を献ずる
大化5(649)	蘇我倉山田石川麻呂の謀反を孝徳天皇に知らせる
白雉4(653)	皇極上皇・間人皇后を奉じて難波宮から倭京にもどる
斉明4(658)	挙兵を企てた有間皇子を尋問する
斉明7(661)	斉明天皇の急逝により称制を開始する
天智元(662)	余豊璋に織冠を授けて百済に帰す
天智6(667)	都を倭京から近江国の大津に遷すが、これに反対する者が多かった
天智7(668)	近江大津宮で即位 この頃、ひそかに天智王朝の終焉が近いことがささやかれた
天智8(669)	中臣（藤原）鎌足没。これにより奸臣の台頭を抑えられる者がいなくなってしまった
天智10(671)	五人の重臣たちに乗じられて大友皇子を後継者に定める 五重臣らに命をねらわれた天武天皇は出家して吉野に隠棲する 近江大津宮で崩御 宮中の鼎が鳴動し、天智王朝に終焉が迫っていることを知らせた
天武元(672)	天武天皇は五重臣らの陰謀を知り彼らを討つべく立ち上がる決意をする 戦い（壬申の乱）に勝利した天武天皇によって天智王朝はつつがなく受け継がれることになった

持統天皇の生涯

年	事項
大化元(645)	誕生（？）
斉明3(657)	大海人皇子と結婚する
天智元(662)	草壁皇子を生む
天智10(671)	10月　大海人皇子が出家して吉野宮に入るのに同行する
天武元(672)	6月　大海人皇子とともに吉野宮を出て東国に向かう。その後は伊勢国の桑名で内乱の動静をうかがった。翌月、大海人皇子、大友皇子を討つ（壬申の乱）
天武2(673)	2月　大海人皇子が即位して天武天皇になったのに伴い皇后に立てられる
天武8(679)	5月　天武天皇とともに吉野宮で六人の皇子たちと盟約をかわす
天武10(681)	2月　天武天皇とともに律令の編纂を命じる 3月　天武天皇、正史の編纂を命じる
朱鳥元(686)	7月　天武天皇の病臥により称制を開始。草壁皇子はその輔佐役となる 9月　天武天皇没。直後に大津皇子の謀反が発覚、死刑に処す（24）
持統3(689)	1月　吉野宮への行幸を開始する 4月　草壁皇子没（28）
持統4(690)	1月　正式に即位する
持統5(691)	10月　新城を受け継いだ新益京の鎮祭を行う
持統8(694)	12月　藤原宮に遷る
持統11(697)	8月　文武天皇に皇位を譲り太上天皇となる。以後、高天原広野姫とよばれる
文武3(699)	10月　斉明天皇陵と天智天皇陵を新たに造営する
大宝元(701)	6月　大宝令が施行される
大宝2(702)	10月　大宝律が施行される 12月　天智天皇の命日を国忌とする。死去（58？）
大宝3(703)	12月　大倭根子天之広野日女尊の謚号を献じられる。火葬され大内山陵に埋葬

講談社現代新書 2077

天智《てんじ》と持統《じとう》

二〇一〇年一一月二〇日第一刷発行　二〇一〇年一二月六日第二刷発行

著者　遠山美都男《とおやまみつお》

発行者　鈴木 哲
発行所　株式会社講談社
東京都文京区音羽二丁目一二―二一　郵便番号一一二―八〇〇一
電話　出版部　〇三―五三九五―三五二一
販売部　〇三―五三九五―五八一七
業務部　〇三―五三九五―三六一五
装幀者　中島英樹
印刷所　凸版印刷株式会社
製本所　株式会社大進堂
定価はカバーに表示してあります　Printed in Japan

N.D.C. 210.34　235p　18cm
ISBN978-4-06-288077-0

「講談社現代新書」の刊行にあたって

教養は万人が身をもって養い創造すべきものであって、一部の専門家の占有物として、ただ一方的に人々の手もとに配布され伝達されうるものではありません。

しかし、不幸にしてわが国の現状では、教養の重要な養いとなるべき書物は、ほとんど講壇からの天下りや単なる解説に終始し、知識技術を真剣に希求する青少年・学生・一般民衆の根本的な疑問や興味は、けっして十分に答えられ、解きほぐされ、手引きされることがありません。万人の内奥から発した真正の教養への芽ばえが、こうして放置され、むなしく滅びさる運命にゆだねられているのです。

このことは、中・高校だけで教育をおわる人々の成長をはばんでいるだけでなく、大学に進んだり、インテリと目されたりする人々の精神力の健康さえもむしばみ、わが国の文化の実質をまことに脆弱なものにしています。単なる博識以上の根強い思索力・判断力、および確かな技術にささえられた教養を必要とする日本の将来にとって、これは真剣に憂慮されなければならない事態であるといわなければなりません。

わたしたちの「講談社現代新書」は、この事態の克服を意図して計画されたものです。これによってわたしたちは、講壇からの天下りでもなく、単なる解説書でもない、もっぱら万人の魂に生ずる初発的かつ根本的な問題をとらえ、掘り起こし、手引きし、しかも最新の知識への展望を万人に確立させる書物を、新しく世の中に送り出したいと念願しています。

わたしたちは、創業以来民衆を対象とする啓蒙の仕事に専心してきた講談社にとって、これこそもっともふさわしい課題であり、伝統ある出版社としての義務でもあると考えているのです。

一九六四年四月　野間省一

日本史

369 地図の歴史(日本篇) 織田武雄
1092 三くだり半と縁切寺――高木侃
1258 身分差別社会の真実――斎藤洋一 大石慎三郎
1259 貧農史観を見直す――佐藤常雄 大石慎三郎
1265 七三一部隊――常石敬一
1292 日光東照宮の謎――高藤晴俊
1322 藤原氏千年――朧谷寿
1379 白村江――遠山美都男
1394 参勤交代――山本博文
1414 謎とき日本近現代史 野島博之
1482 「家族」と「幸福」の戦後史 三浦展
1599 戦争の日本近現代史 加藤陽子

1617 「大東亜」戦争を知っていますか――倉沢愛子
1648 天皇と日本の起源 遠山美都男
1680 鉄道ひとつばなし――原武史
1685 謎とき本能寺の変――藤田達生
1702 日本史の考え方――石川晶康
1707 参謀本部と陸軍大学校 黒野耐
1709 日本書紀の読み方 遠山美都男 編
1794 女帝の古代史――成清弘和
1797 「特攻」と日本人――保阪正康
1830 江戸時代の設計者――藤田達生
1843 偽りの大化改新――中村修也
1885 鉄道ひとつばなし2――原武史
1900 日中戦争――小林英夫

1904 八幡神と神仏習合――逵日出典
1911 枢密院議長の日記――佐野眞一
1918 日本人はなぜキツネにだまされなくなったのか 内山節
1924 東京裁判――日暮吉延
1931 幕臣たちの明治維新 安藤優一郎
1971 歴史と外交――東郷和彦
1982 皇軍兵士の日常生活 一ノ瀬俊也
1986 日清戦争――佐谷眞木人
1999 吉田茂と昭和史――井上寿一
2012 戊辰雪冤――友田昌宏
2019 大佛次郎の「大東亜戦争」――小川和也
2022 奪われた「三種の神器」 渡邊大門

日本語・日本文化

105 タテ社会の人間関係 中根千枝
293 日本人の意識構造——会田雄次
444 出雲神話——松前健
1193 漢字の字源——阿辻哲次
1200 外国語としての日本語——佐々木瑞枝
1239 武士道とエロス——氏家幹人
1262 「世間」とは何か——阿部謹也
1384 マンガと「戦争」——夏目房之介
1432 江戸の性風俗——氏家幹人
1448 日本人のしつけは衰退したか——広田照幸
1551 キリスト教と日本人 井上章一
1618 まちがいだらけの日本語文法 町田健
1738 大人のための文章教室 清水義範
1878 茶人たちの日本文化史——谷晃
1889 なぜ日本人は劣化したか——香山リカ
1928 漢字を楽しむ——阿辻哲次
1935 中学入試国語のルール 石原千秋
1943 なぜ日本人は学ばなくなったのか——齋藤孝
1947 落語の国からのぞいてみれば——堀井憲一郎
2006 「空気」と「世間」——鴻上尚史
2007 落語論——堀井憲一郎
2013 日本語という外国語 荒川洋平